MATTHIAS MÄDRICH

Das allgemeine Lebensrisiko

Schriften zum Bürgerlichen Recht

Band 59

Das allgemeine Lebensrisiko

Ein Beitrag zur Lehre von der Haftungsbegrenzung
im Schadensersatzrecht

Von

Dr. Matthias Mädrich

DUNCKER & HUMBLOT / BERLIN

Alle Rechte vorbehalten
© 1980 Duncker & Humblot, Berlin 41
Gedruckt 1980 bei Buchdruckerei Bruno Luck, Berlin 65
Printed in Germany
ISBN 3 428 04585 8

Inhaltsverzeichnis

Einleitung 9

Erster Teil

Meinungsstand zum allgemeinen Lebensrisiko

A. Rechtsprechung 13

B. Lehre 21

Zweiter Teil

Inhaltliche Klärung

A. Erste Orientierung durch analytische Ausschöpfung des Wortsinns   35

    I. „Risiko"   35

    II. „Lebensrisiko"   36

    III. „Allgemeines Lebensrisiko" 37

B. Vertiefung 38

    I. Das Verhältnis zwischen haftungsbegründendem Umstand und konkret verwirklichtem allgemeinen Lebensrisiko 38

    II. Fallgruppen 40

Dritter Teil

Dogmatische Einordnung

A. Das allgemeine Lebensrisiko in Abgrenzung zu anderen Haftungskorrektiven 63

Inhaltsverzeichnis

- I. Das Adäquanzkriterium 64
  1. Historische Entwicklung 64
  2. Funktion und Anwendungsbereich 69
  3. Verhältnis zur Vorstellung vom allgemeinen Lebensrisiko .. 74
- II. Die Lehre vom Schutzzweck der Norm 76
  1. Historische Entwicklung 76
  2. Funktion und Anwendungsbereich 80
  3. Verhältnis zur Vorstellung vom allgemeinen Lebensrisiko .. 89
- III. Das allgemeine Lebensrisiko und die Lehre von den sozialadäquaten Handlungen 92
- IV. Das allgemeine Lebensrisiko und der Gedanke des Handelns auf eigene Gefahr 94

B. Die Stellung des allgemeinen Lebensrisikos als autonomes Haftungskorrektiv 96

- I. Das allgemeine Lebensrisiko — Merkmal des objektiven Tatbestandes der Schadensersatznormen 96
- II. Die Prinzipien und Merkmale der Haftungsbegrenzung im objektiven Tatbestand der Schadensersatznormen 97
  1. Berücksichtigung der natürlichen Gesetzmäßigkeiten 97
  2. Die objektive Zurechnung von Verletzungen und Schäden zum allgemeinen Verantwortungsbereich menschlicher Willensentäußerung 98
     a) Das Merkmal der Adäquanz 100
     b) Das Merkmal der „Herausforderung" im Falle eines Zweithandelns 102
  3. Die Zuweisung des verwirklichten Risikos unter dem Gesichtspunkt des Einstehens für die eigene Sphäre 108
- III. Der Gedanke der „spezifischen Gefahrenverwirklichung" 110
- IV. Rangfolge der im objektiven Tatbestand der Schadensersatznormen wirkenden Haftungskorrektive 112

Vierter Teil

Allgemein-theoretische Aspekte

A. Rechtsmethodische Begründung 115

B. Rechtspolitische und rechtsphilosophische Begründung 123

Ergebnis 130

Literaturverzeichnis 133

Einleitung

Der Grundsatz, wonach die Schädigung einer Person in bestimmten Fällen auszugleichen ist, gehört zu den ältesten Rechtsregeln[1]. Mit der Erkenntnis, daß im menschlichen Miteinander und Gegeneinander immer wieder und zwangsläufig eine Beeinflussung, Störung und auch Verletzung von Rechtsgütern und Interessen stattfindet, drängte sich die Überlegung auf, eingetretene Vermögensnachteile nicht ausnahmslos bei der unmittelbar betroffenen Person zu belassen, sondern sie unter näher festzulegenden Voraussetzungen ganz oder zum Teil auf einen anderen Rechtsgenossen abzuwälzen. Allerdings war die Beantwortung der Frage, wann und wie dies zu geschehen habe, im Verlauf der historischen Entwicklung einem ständigen Wandel unterworfen. Der Grund hierfür liegt in der starken Abhängigkeit der Regeln des Schadensausgleichs von dem jeweiligen zivilisatorischen und kulturellen Entwicklungsstand, insbesondere den gerade vorhandenen sozioökonomischen Strukturen. Veränderungen der Daseinsbedingungen beeinflußten schon immer auch nachhaltig die Grundanschauungen der Menschen von dem, was eine Person billigerweise zu verantworten hat. Nur die solchermaßen funktionierende Rückkoppelung zwischen den in der Gesellschaft vorherrschenden geistigen und realen Verhältnissen und den darauf bezogenen Rechtsvorstellungen der Bürger gewährleistete aber die Herausbildung eines organisch gewachsenen, wegen seiner Sachnähe auch heute noch unmittelbar überzeugenden Regelungsgebildes.

Für das Verständnis unseres modernen Schadensersatzrechts sind in besonderem Maße die tatsächlichen und rechtlichen Fortentwicklungen seit Inkrafttreten des Bürgerlichen Gesetzbuchs von Bedeutung. Insoweit läßt sich zunächst feststellen, daß das Gefährdungspotential insgesamt wesentlich zugenommen hat. Der janusköpfige, hochzivilisierte Industriestaat bescherte dem Menschen mit seinen von Wissenschaft und Technik erzielten Fortschritten nicht nur Annehmlichkeiten, sondern auch eine Vielzahl neuer Schadensrisiken. Insbesondere wegen der Herstellung hochentwickelter und damit immer wertvollerer Güter, der erweiterten Wirkungskraft der in Betrieb genommenen Maschinen und Anlagen sowie der permanenten Verengung des Lebensraums durch Bevölkerungsdichte und intensivierte Inanspruchnahme der noch vor-

---

[1] Vgl. Conrad, 44; Köbler, Rechtsgeschichte, 15, 28, 81; Mitteis/Lieberich, 29 ff.

handenen natürlichen Umwelt vermögen diese zusätzlichen Gefahren im Falle ihrer Realisierung heute bedeutend schwerere Folgen anzurichten als früher[2]. Hinzu kommt, daß der fortschreitende Prozeß der Spezialisierung, vor allem innerhalb des Arbeitslebens, und die damit verbundene Zunahme der gesellschaftlichen Kontakte das Maß der sozialen Abhängigkeiten ständig anwachsen läßt. Der Mensch gerät somit mehr und mehr in den Wirkungsbereich von Gefahrensituationen, die gar nicht in seiner, sondern in der Sphäre des benachbarten Nächsten wurzeln. Anschaulich hat Reinecke diese Entwicklung als Prozeß der „Einbindung des Individuums in den sozialen Kosmos" bezeichnet[3]. Der Politikwissenschaftler Hans Huber verwandte hierfür den Begriff der „Interdependenz", bei dessen Erforschung der Rechtswissenschaft eine hervorgehobene Bedeutung zukomme[4].

Neben der Erhöhung des Gefährdungspotentials infolge neuer Techniken und zunehmender wirtschaftlich-sozialer Verflechtungen fällt auf, daß die Schadensfälle vielfach auch ein anderes Gepräge erhalten haben. Große Gruppen der Schäden stellen sich inzwischen vorrangig als Folge einer „schematisierenden Dauergefährdung" dar[5]. Im Zuge dieser Veränderung, die eine verbesserte gesamtwirtschaftliche Kalkulation der Risiken ermöglichte, traten nach und nach zahlreiche Einrichtungen auf den Plan, die Versicherungs- und Versorgungssysteme anboten. Damit war ein Prozeß eingeleitet worden, der im angloamerikanischen Rechtskreis „the social trend of life" genannt wird[6]. Der Mensch kümmerte sich von nun an mehr als früher um die Zurückdrängung seiner persönlichen Risiken. Einen besonders nachhaltigen Einfluß übte diese Entwicklung auf die Probleme des Schadensersatzrechts aus. Da jede nicht nur ganz unbeachtliche Erweiterung bzw. Begrenzung der Haftung — zeitlich phasenverschoben — auch den Umfang des von den Versicherten zu leistenden Prämienaufkommens beeinflußt, sind hier entstandene Konflikte über ihre individuelle Bedeutung für die Beteiligten hinaus zunehmend zum „sozialen Ereignis" geraten[7].

Die Anpassung der rechtlichen an die seit dem Ende des letzten Jahrhunderts erheblich gewandelten tatsächlichen Verhältnisse erwies sich in der Vergangenheit primär als eine Aufgabe der Gerichte[8]. Waren

---

[2] Deutsch (AcP 170, 84) erwähnt den Fall des Kraftfahrers, der einen Strommast umfährt. Vor 30 Jahren sah dieser sich lediglich einer Forderung des Elektrizitätswerks gegenüber. Widerfährt ihm heute dasselbe Mißgeschick, so kann er einer Vielzahl von Hühnerfarm-, Gärtnerei- oder Gefriertruhenbesitzern zusätzlich haften.
[3] Reinecke, 124.
[4] Hans Huber, 1017.
[5] Lange, Gutachten, 10.
[6] Vgl. Esser, Grundsatz, 331.
[7] Lorenz-Meyer, 56.

die zur Problematik des Schadensausgleichs ergangenen Entscheidungen auf der einen Seite geprägt von einer Ausweitung der Haftungsgründe — zu erwähnen sind besonders die Anerkennung der culpa in contrahendo und des Vertrags mit Schutzwirkung zugunsten Dritter sowie die Erweiterung der Zahl absoluter Rechtsgüter in § 823 I BGB — so wurde andererseits, etwa mit Herausbildung der Adäquanz- und Normzwecklehre oder des Gedankens vom Handeln auf eigene Gefahr, das richterliche Bemühen sichtbar, der vor allem durch den erheblichen Ausbau des Netzes sozialer Leistungen stark begünstigten und inzwischen weit verbreiteten Vorstellung, daß jeder erlittene Nachteil notwendig von der Gewährung eines Ausgleichsanspruchs begleitet sein müsse[9], angemessen entgegenzutreten.

Vor dem Hintergrund dieses durch den raschen Wandel der Lebensverhältnisse ständig aktualisierten „Spannungsverhältnisses"[10] zwischen Haftungsbegrenzung und Haftungserweiterung sind die noch tastenden Versuche[11] von Rechtsprechung und Lehre zu sehen, mit Hilfe des Begriffs „allgemeines Lebensrisiko" zusätzliche Bremsmechanismen in Richtung auf eine größere Schonung des in Anspruch genommenen Schädigers herauszubilden[12]. Die sich dort anbahnende Entwicklung ist der Anlaß der vorliegenden Untersuchung. Sie hat sich vor allem die Frage zu stellen, welche Aufgabe dem Gedanken des allgemeinen Lebensrisikos neben den schon früher entwickelten Haftungskorrektiven in einer Zeit zukommen kann, in der die Gefährlichkeit und Empfindlichkeit des technischen Potentials sowohl bei natürlichen und maschinellen Störungen als auch bei menschlichem Versagen fast unbegrenzt gestiegen ist.

Die Untersuchung gliedert sich in vier Teile. Zunächst wird dargestellt, für welche Problembereiche der Begriff „allgemeines Lebensrisiko" bisher eine Rolle gespielt hat. Hierbei soll eine Bestandsaufnahme der in Rechtsprechung und Lehre vertretenen Ansichten Aufschluß darüber geben, inwieweit bei der Konzeption einer eigenen Lösung auf bereits geleistete Vorarbeiten zurückgegriffen werden kann. Der zweite Teil der Studie hat die inhaltliche Klärung des Begriffs zum Gegenstand. In ihm wird einerseits der Versuch unternommen, die Vor-

---

[8] Trotz zahlreicher Initiativen (vgl. insoweit Friese, 14 ff. und Stoll, Neuere Entwicklungen, 7/8) ist eine umfassende Gesetzesreform bis heute noch nicht geglückt.
[9] Kötz (AcP 170, 8) sieht hierin deutliche Anzeichen einer „Versorgungsmanie" oder „Vermassung". Der moderne Mensch wisse kaum noch etwas mit dem Begriff „Schicksal" anzufangen.
[10] Nüßgens, Festschr. BGH, 93.
[11] Vgl. etwa die vorsichtigen Formulierungen Hermann Langes (JZ 1976, 206) zu Wesen und Systematik des von ihm skizzierten „dritten Zurechnungsbereichs".
[12] Migsch (13/14) spricht von der Notwendigkeit, Haftung „einzusparen".

stellung vom allgemeinen Lebensrisiko abstrakt zu umschreiben, andererseits soll anhand von Fallgruppen die Bedeutung des Merkmals für die praktische Rechtsanwendung aufgezeigt werden. Darüber hinaus ist zu erörtern, ob der Schädiger grundsätzlich bei jeder Verwirklichung eines allgemeinen Lebensrisikos entlastet werden kann. Im Mittelpunkt des dritten Teils steht die dogmatische Einordnung des Problemkreises. Hier interessiert zunächst die Frage, ob und gegebenenfalls inwieweit andere Haftungskorrektive einzelne Aspekte des Gedankens vom allgemeinen Lebensrisiko mitenthalten, wobei insbesondere die Abgrenzung gegenüber der Adäquanz- und der Schutzzwecklehre von erheblichem Gewicht ist. Im Hinblick auf eine präzise dogmatische Standortbestimmung wird es sodann notwendig sein, die auf der entsprechenden Tatbestandsstufe mit dem Element „allgemeines Lebensrisiko" konkurrierenden Schadensbegrenzungskriterien zusammenhängend vorzustellen und alle Merkmale nach Möglichkeit in eine systematische Rangfolge zu bringen. Inhalt des abschließenden vierten Teils der Studie ist die Suche nach einer überzeugenden rechtsmethodischen, rechtspolitischen und rechtsphilosophischen Begründung für die Einführung des Gedankens vom allgemeinen Lebensrisiko in die Problematik des Schadensausgleichs.

Erster Teil

Meinungsstand zum allgemeinen Lebensrisiko

A. Rechtsprechung

In der Judikatur taucht die Vorstellung vom allgemeinen Lebensrisiko erstmals in einem Urteil des BGH aus dem Jahre 1958 auf[1]. Dem Rechtsstreit lag folgender Sachverhalt zugrunde: Der Kläger, ein Motorradfahrer, war mit dem Wagen des verstorbenen Ehemannes der Beklagten zusammengestoßen. Beide Fahrzeuge wurden beschädigt. Darüber hinaus erlitt der Kläger auch körperliche Verletzungen. Obwohl er an dem Unfall schuldlos war, wurde gegen ihn ein Strafverfahren eingeleitet. Es endete mit einem Freispruch mangels Beweises. Nunmehr verlangte er einen Ausgleich der für seine Verteidigung entstandenen Kosten. Der BGH hat die Klage abgewiesen. Zur Begründung führte er aus, daß der geltend gemachte Schaden nicht dem Schutzbereich des § 823 I BGB unterfalle. Die Gefahr, in ein Strafverfahren verwickelt zu werden, sei vielmehr ein „allgemeines Risiko", das jeden Staatsbürger treffe[2].

Die überragende Bedeutung dieser in der wissenschaftlichen Diskussion unter der Bezeichnung „Motorradfall" firmierenden Entscheidung des BGH liegt in der Anerkennung der Normzwecklehre für den Regelungskomplex der unerlaubten Handlungen. Hauptsächlich hierauf beziehen sich zahlreiche zu dem Urteil ergangene Stellungnahmen der Lehre. Dabei wird allerdings nahezu einmütig gerügt, daß die Richter der Klage nicht schon wegen Fehlens der haftungsausfüllenden Kausalität den Erfolg versagt haben[3]. Die Einleitung des Strafverfahrens geschah nämlich unabhängig davon, ob der Unfall mit der Verletzung einer Person bzw. der Beeinträchtigung eines Sachwertes verbunden war. Sieht man jedoch einmal über diese dogmatische Schwäche der Entscheidung hinweg und konzentriert sich auf den für die vorliegende Untersuchung interessierenden Problemkreis, so können zum Motorradfall folgende Anmerkungen gemacht werden:

---

[1] BGHZ 27, 137.
[2] BGHZ 27, 141.
[3] Vgl. etwa Staudinger / Schäfer, v. § 823 Rdz. 85; Thalheim, 3 ff.; Huber JZ 1969, 677; Weitnauer VersR 1970, 592; Schickedanz NJW 1971, 916.

Mit dem knappen Hinweis, beim allgemeinen Lebensrisiko handele es sich um eine Gefahr, der jeder Staatsbürger ausgesetzt sei, trägt der BGH zur inhaltlichen Erhellung des in Frage stehenden Begriffs nur wenig bei. Es lassen sich leicht Sachverhalte vorstellen, bei denen die Definition des Gerichts für die Urteilsfindung weitestgehend unbrauchbar ist. So wird wohl niemand ernsthaft bestreiten, daß sich im Falle des Passanten, der von einem gerade ausgeführten Hund gebissen wurde, eine Gefahr realisiert hat, die grundsätzlich jedem Bürger droht. Den Schaden muß jedoch selbstverständlich nicht der Verletzte, sondern der Halter des Tieres tragen.

Brauchbarer sind demgegenüber die Aussagen der Motorradfallentscheidung zur dogmatischen Einordnung des fraglichen Problemkreises. Der BGH vertritt den Standpunkt, daß die für jedermann gegebene Möglichkeit, in ein mit Kosten verbundenes Strafverfahren verwickelt zu werden, keine Gefahr sei, die § 823 I BGB abwenden wolle. Der erlittene Nachteil liege außerhalb des Schutzbereichs der zur Anspruchsbegründung herangezogenen Vorschrift. Diese Feststellungen des Gerichts lassen erkennen, daß der Gedanke des allgemeinen Lebensrisikos im System des Schadensersatzrechts nicht als eigenständiges, gleichberechtigt neben anderen stehendes Haftungsbegrenzungselement angesehen wurde, sondern, dogmatisch eingebettet in das nunmehr in den Mittelpunkt gerückte Normzweckkriterium, lediglich dessen inhaltlicher Ausfüllung zu dienen hat.

Erst im Jahre 1967 sah sich der BGH erneut veranlaßt, den Gedanken des allgemeinen Lebensrisikos aufzugreifen. Bemerkenswerterweise handelte es sich hierbei um die Beurteilung zweier am selben Tag entschiedener und einheitlich begründeter Streitfälle aus dem Gebiet der öffentlichrechtlichen Aufopferung[4]. Die Kläger, jeweils Schüler, hatten sich im Turnunterricht verletzt. Die Unfälle ereigneten sich einmal in Ausführung eines Streckhanges an der Sprossenleiter und das andere Mal im Rahmen der Teilnahme an einem Fußballspiel. In beiden Fällen hat der BGH den geltend gemachten Ersatzanspruch abgelehnt. Er gab jeweils zu bedenken, daß durch die ordnungsgemäß ausgeübte Schulzucht nur das „allgemeine Lebensrisiko", in welches jedes Kind hineingeboren sei und dem es als heranwachsender, allmählich reifender junger Mensch und als Mitglied einer größeren Gemeinschaft wesensmäßig unterliege, in besonderer Weise ausgestaltet werde. Die

---
[4] BGH NJW 1967, 621 und BGH VersR 1967, 470. Zwar gehört die öffentlichrechtliche Aufopferung der sog. Staatshaftung und nicht dem Komplex des den Rahmen für die vorliegende Studie absteckenden zivilen Schadensrecht an (vgl. Kötz, Deliktsrecht, 20), wegen der größtenteils gemeinsamen Grundstrukturen ist es jedoch statthaft und geboten, die auf einem der beiden Rechtsgebiete gewonnenen Erkenntnisse jeweils auch für die Weiterentwicklung des anderen nutzbar zu machen.

dort auftretenden Gefahren seien zwangsläufig mit jeder Form von Erziehung verbunden. Auch im außerschulischen Bereich führten Kinder Streckhänge aus und beteiligten sich an Fußballspielen. Diese Übungen dienten der körperlichen Ertüchtigung des Heranwachsenden und hülfen ihm, den Anforderungen seiner Umwelt gewachsen zu sein. Mit der Eingliederung des Schülers in den Turnunterricht werde also kein neuartiger Gefahrenbereich „künstlich"[5] geschaffen.

Die Entscheidung des BGH ist in der Lehre vor allem deswegen auf heftigen Widerspruch gestoßen[6], weil sie die Zuerkennung des Ersatzanspruchs nicht von der Schwere des erlittenen Nachteils abhängig gemacht hat. Die Frage, ob jemandem ein Sonderopfer auferlegt wurde, bestimmte sich nämlich seither in erster Linie nach quantitativen Gesichtspunkten[7]. In den Turnstundenfällen wich das Gericht hiervon erstmals ab. Die Kinder erhielten keinerlei Ausgleich, obwohl sie beide sehr schwere Verletzungen davongetragen hatten.

Für die inhaltliche Klärung des Gedankens vom allgemeinen Lebensrisiko sind besonders die Ausführungen des BGH zu den unterschiedlichen Gefahrenkreisen wichtig. Neben den Risiken, die mit dem Leben der Menschen ganz allgemein verbunden sind, stehen solche, die erst durch bestimmte Ereignisse, zum Beispiel einen hoheitlichen Eingriff des Staates, zusätzlich geschaffen werden. Weitgehend unklar bleiben jedoch nach wie vor die Kriterien, nach denen zu entscheiden ist, wann sich im Einzelfall ein allgemeines Lebensrisiko verwirklicht hat. Immerhin stellt der Gedanke, daß der Mensch gewissen naturgegebenen Gefahren wesensmäßig unterliegt, einen beachtlichen Fortschritt gegenüber der Argumentation im Motorradfall dar.

Unter dogmatischem Aspekt sind die ergangenen Urteile wenig ergiebig. Der BGH läßt offen, ob der fragliche Problemkreis beim öffentlichrechtlichen Aufopferungsanspruch unter das Tatbestandsmerkmal „zum Wohle der Allgemeinheit"[8] oder unter das Kriterium „Sonderopfer"[9] einzuordnen ist.

Die zeitlich gesehen nächste Entscheidung, in der die Vorstellung vom allgemeinen Lebensrisiko eine Rolle gespielt hat, ist der sog. Gehirnarteriosklerosefall[10]. Hier war der Kläger, ein Schrankenwärter, vom Beklagten schuldhaft verletzt worden. Während des anschließen-

---
[5] BGH NJW 1967, 622.
[6] Vgl. Mohnhaupt / Reich NJW 1967, 758; Kötz JZ 1968, 287; Rohwer-Kahlmann SozSich 1967, 137.
[7] BGHZ 9, 87; BGHZ 25, 241; OLG Nürnberg Bay JMBl 1964, 89; OLG Celle DVBl 1966, 43.
[8] So Forkel JZ 1969, 11; Ossenbühl JuS 1970, 279.
[9] So Mohnhaupt / Reich NJW 1967, 759; Kötz JZ 1968, 287; Franz JZ 1967, 573; Fikentscher, 690.
[10] BGH JZ 1969, 702.

den Krankenhausaufenthaltes wurde festgestellt, daß der Kläger an einer nicht auf den Unfall zurückzuführenden Hirngefäß-Sklerose litt. Daraufhin versetzte ihn die Deutsche Bundesbahn wegen dauernder Dienstunfähigkeit in den Ruhestand. Nunmehr verlangte er vom Beklagten den Unterschied zwischen seinem Ruhegehalt und dem Bruttoverdienst eines Betriebsmeisters. Der BGH hat die Klage abgewiesen. Das Verbot der Körperverletzung solle nicht davor schützen, daß bis dahin verborgen gebliebene Erkrankungen entdeckt würden und dann zur vorzeitigen Pensionierung führten. Insoweit seien durch den Unfall keine Gefahren verwirklicht worden, die das Gesetz verhüten wolle. Daß eine Krankheit erkannt werde, sei ein Geschick, welches dem Menschen jederzeit widerfahren könne. Es gehöre zu den „allgemeinen Lebensrisiken", falle aber nicht in den Gefahrenbereich, den § 823 I BGB im Auge habe[11].

Die Argumentation des BGH in diesem Rechtsstreit weicht nur geringfügig von derjenigen in der Motorradfallentscheidung ab. Hier wie dort ist der Gedanke des allgemeinen Lebensrisikos dogmatisch in die Schutzzwecklehre eingeordnet worden. Anstelle der Formel von der Gefahr, der alle Staatsbürger ausgesetzt seien[12], tritt im Gehirnarteriosklerosefall der Ausdruck „ein Geschick, das dem Menschen jederzeit widerfahren kann"[13]. Sachlich dürfte zwischen diesen zwei Definitionen kaum ein Unterschied bestehen. Beide sind allerdings so weit gefaßt, daß sie für die konkrete Einzelfallentscheidung keine brauchbare Hilfe geben können. Gerade in dem Wort „Geschick" spiegelt sich in auffallender Weise das Unbestimmte und Unwägbare der frühen BGH-Rechtsprechung zur Vorstellung vom allgemeinen Lebensrisiko wider.

Einige Rezensenten der Gehirnarteriosklerosentscheidung machen mit gutem Grund geltend, daß es im vorliegenden Falle eines Eingehens auf die Schutzzwecklehre und damit verbunden auf den Gedanken des allgemeinen Lebensrisikos gar nicht bedurft hätte, da der vom Kläger erlittene Vermögensnachteil kein erstattungsfähiger Schaden gewesen sei[14]. Geschützt ist nach h. M. nämlich entgangener Gewinn nur dann, wenn er zu Recht gemacht worden wäre[15]. Der Bahnbeamte bot jedoch aufgrund der Erkrankung nicht mehr die Gewähr für eine den Sicherheitsbestimmungen entsprechende Ausübung seines Dienstes. Er durfte daher nicht länger in seinem Beruf als Schrankenwärter eingesetzt werden.

---
[11] BGH JZ 1969, 704.
[12] BGH JZ 1958, 743.
[13] BGH JZ 1969, 704.
[14] Larenz, SRI, 365; Kötz, 74; Weitnauer VersR 1970, 592; Staudinger / Schäfer v. § 823 Rdz. 87; Keuk, 231.
[15] RGZ 90, 64; 90, 306.

A. Rechtsprechung

Eine in dogmatischer Hinsicht grundlegende Weiterentwicklung der BGH-Rechtsprechung zum Gedanken des allgemeinen Lebensrisikos fand durch zwei Urteile aus dem Jahre 1971 statt[16]. In dem einen Fall traf der Kläger, der als Betriebsaufseher der Deutschen Bundesbahn Fahrkartenkontrollen durchführte, den 23jährigen Beklagten ohne gültigen Berechtigungsschein an. Dieser ergriff die Flucht und lief an der Sperre vorbei die Treppe zum Bahnhofsausgang hinunter. Der die Verfolgung aufnehmende Kläger versuchte, ihn einzuholen. Am Fuß der Treppe stürzte er jedoch und erlitt einen komplizierten Schenkelhalsbruch. In dem anderen Fall flüchtete ein 16jähriges Mädchen, das als ausweis- und mittellose Jugendliche in polizeilichen Gewahrsam genommen worden war. Als der sie verfolgende Beamte einen feuchten, frisch geschnittenen Rasen überqueren mußte, glitt er aus und zog sich einen Muskelriß am Oberschenkel zu. Das Gericht erkannte die geltend gemachten Ansprüche des Betriebsaufsehers an, dagegen hatte die Klage im Falle des Polizisten keinen Erfolg. In beiden Rechtsfällen prüfte der BGH auf Tatbestandsebene des § 823 I BGB, inwieweit der Verletzungserfolg dem Beklagten „objektiv zuzurechnen" ist. Hierfür sei einmal entscheidend, ob der Verfolgende durch die Flucht „herausgefordert" wurde[17] und zum anderen, ob sich im Hinblick auf den Eintritt des Verletzungserfolgs eine „normale" oder eine „gesteigerte" Schadensmöglichkeit verwirklicht habe. Während die Richter das schnelle Hinunterlaufen einer steilen Bahnhofstreppe zum „gesteigerten" Verfolgungsrisiko rechneten[18], sahen sie das rasche Überqueren eines feuchten, frisch geschnittenen Rasens lediglich als „allgemeine" Gefährdung an[19]. Warum dies so ist und nach welchen Kriterien man eine solche Wertung vorzunehmen hat, wurde vom BGH nicht weiter dargelegt.

Inhaltlich haben somit also auch die Urteile zu den Verfolgungsfällen den Gedanken des allgemeinen Lebensrisikos in keiner Weise näher präzisiert. Interessant ist in diesem Zusammenhang allenfalls die Herausbildung des Komplementärbegriffs „gesteigertes Risiko". Hierbei offenbart sich jedoch eine logische Schwäche der BGH Rechtsprechung. Um herauszufinden, wann ein Lebensvorgang besondere Wesenszüge aufweist, muß man feststellen, unter welchen Bedingungen er normalerweise abläuft. Das Kriterium „gesteigertes" Risiko kann demnach überhaupt erst dann ermittelt werden, wenn eine Vorstellung über die Gefahren besteht, die dem „allgemeinen" Lebensrisiko unterfallen. Um

---

[16] BGH NJW 1971, 1980 und BGH NJW 1971, 1982.

[17] Dieser Problemkreis, der nur mittelbar mit dem Gedanken des allgemeinen Lebensrisikos zusammenhängt, für dessen dogmatisches Verständnis allerdings von erheblicher Bedeutung ist, wird unten S. 102 f. erörtert.

[18] BGH NJW 1971, 1981.

[19] BGH NJW 1971, 1983.

eine diesbezügliche Klärung hätte sich die Entscheidung daher zuvor bemühen müssen.

Dogmatisch gesehen sind die Urteile in den Verfolgungsfällen eindeutig. Zunächst wird die natürliche Kausalität im Sinne der Conditioformel festgestellt, daran schließt sich die Prüfung der Adäquanz an[20], und als letztes Element auf Tatbestandsebene untersucht der BGH noch, ob der verursachte Verletzungserfolg nach den Kriterien „Herausforderung" und „gesteigertes Risiko" dem in Anspruch Genommenen „objektiv zuzurechnen" ist. Die in den früheren Entscheidungen als Argumentationshilfe herangezogene Schutzzwecklehre wird dagegen nicht mehr bemüht. Unklar bleibt allerdings, ob hiermit eine grundsätzliche Neuorientierung in der dogmatischen Einordnung der Vorstellung vom allgemeinen Lebensrisiko eingeleitet werden sollte, oder ob der BGH lediglich dem Umstand Rechnung getragen hat, daß der fragliche Problemkreis bei den Verfolgungsfällen, im Gegensatz zu den Sachverhalten zuvor ergangener Urteile, erstmals innerhalb der Haftungsbegründung Bedeutung erlangte.

Großes Interesse im Bereich des Schadensrechts fand eine Streitsache, die der BGH 1972 zu entscheiden hatte[21]. Durch Verschulden der Beklagten ereignete sich ein Verkehrsunfall, der die Sperrung der gesamten Fahrbahn einer Landstraße nach sich zog. Daraufhin wichen die folgenden Fahrzeuge aus und passierten das Hindernis auf dem Rad- und Fußweg des Klägers. Dieser verlangte nunmehr Ersatz für die entstandenen Schäden. Das Gericht wies die Klage ab, weil kein „zurechenbarer Zusammenhang" zwischen dem Fehlverhalten der Beklagten und den erlittenen Nachteilen des Wegeigentümers bestanden habe. Nachdem der BGH das gefundene Ergebnis eingehend begründet hatte, stellte er fest, daß die Klägerin sich also lediglich an die einzelnen Kraftfahrer halten könne. Sie laufe zwar, da diese offenbar nicht mehr zu ermitteln seien, Gefahr, den Schaden endgültig selbst tragen zu müssen, das aber stelle ein „allgemeines Risiko" dar, welches jeden Anlieger einer vom Verkehr benutzten Straße treffe und das sie nicht auf die Beklagte abwälzen könne[22].

Während der BGH, z. B. im Gehirnarteriosklerosefall, den Gedanken des allgemeinen Lebensrisikos nutzbar machte, um den Schutzbereich des Verbots der Körperverletzung näher zu konkretisieren, was ihm infolge der unbestimmten Aussage „Geschick, das dem Menschen jederzeit widerfahren kann", allerdings nur sehr unscharf gelang, sind die Richter im vorliegenden Straßensperrungsfall ausschließlich be-

---
[20] Allerdings läßt das Gericht offen, ob dieses Kriterium auch im Rahmen der Haftungsbegründung erforderlich ist.
[21] BGH NJW 1972, 904.
[22] BGH NJW 1972, 907.

müht, das auf andere Weise gewonnene Ergebnis mit Hilfe eines allgemeinverständlichen Vokabulars zu erklären. Was ein „Anliegerrisiko" ist, versteht die Partei eher als die Ausdrücke „Unterbrechung des Kausalzusammenhangs" oder gar „Regreßverbot". Eine entscheidungsrelevante Funktion hatte der Begriff in dieser Streitsache also nicht zu erfüllen.

Ähnliches gilt für ein Urteil des LG Stuttgart aus demselben Jahr[23]. Das Gericht wies die Klage eines Autofahrers ab, der im Anschluß an den von ihm unverschuldeten Zusammenstoß seines LKWs mit einem Kleinkraftrad beim Anblick des mit aufgeschlagenem Schädel auf der Straße liegenden Mopedführers einen Schock erlitt. Auch hier diente der Begriff „allgemeines Lebensrisiko" vorwiegend zur Veranschaulichung des gefundenen Ergebnisses. Die Zuerkennung des Schadensausgleichs war im vorliegenden Rechtsstreit nämlich primär davon abhängig, ob der psychisch beeinträchtigte Kläger zu dem Verunglückten in einer besonders gearteten individuellen Beziehung gestanden hat[24]. Bemerkenswert an der Entscheidung des LG Stuttgart ist vor allem, daß in ihr, soweit ersichtlich, erstmalig seitens der Judikatur die Vorstellung vom allgemeinen Lebensrisiko im Zusammenhang mit der Geltendmachung von Ansprüchen wegen erlittener Schockschäden erwähnt wurde. Gerade bei dieser Fallgruppe kämpfen Rechtsprechung und Lehre noch immer heftig um geeignete inhaltliche und dogmatische Grundpositionen[25].

Bei zwei Entscheidungen aus den Jahren 1973 und 1974 ging es erneut um die Verfolgung eines Flüchtenden. In der zunächst abgeurteilten Streitsache vor dem OLG Düsseldorf war ein Polizist an der Hand verletzt worden, als er während der Nacheile eine Toilettentür überklettern mußte[26]. Dagegen zog sich in dem anderen, zum BGH gelangten Fall der verfolgende Beamte beim Sprung aus einem zwei Meter über dem Hof gelegenen Fenster einen Fersenbeinbruch zu[27]. Den Klagen wurde jeweils stattgegeben. In den Urteilsbegründungen folgten die Gerichte der Argumentation des BGH im Bahnhofstreppen- und im Rasenfall. Das OLG Düsseldorf begnügte sich dabei allerdings mit der nicht weiter substantiierten Feststellung, das Überklettern der Türe und die hiermit verbundene Handverletzung lägen nicht im Rahmen einer normalen Gefährdung, vielmehr habe sich insoweit das besonders gesteigerte Risiko der Verfolgung verwirklicht.

---

[23] LG Stuttgart VersR 1973, 648.
[24] LG Stuttgart VersR 1973, 649.
[25] Vgl. zu diesem Problembereich besonders die Ausführungen auf S. 55 ff.
[26] OLG Düsseldorf MDR 1974, 490.
[27] BGH NJW 1975, 168.

Auch der BGH kam für die ihm vorgelegte Streitsache zu dem Ergebnis, daß der Sprung aus dem Fenster „ein deutlich erhöhtes Risiko" darstellte[28]. Diese Auffassung versuchte er dann zusätzlich mit Hilfe eines Gegenbeispiels zu beleuchten[29]. Um ein normales Risiko soll es sich etwa dann handeln, wenn während der Verfolgung einer motorisiert flüchtenden Person ein Reifen des nachfahrenden Steifenwagens platze und dieses Ereignis nicht auf eine für die Reifen gefährliche Fahrweise zurückzuführen sei. Obschon bei diesen Ausführungen das Bemühen des BGH sichtbar wird, zunächst einmal zu klären, wann eine „normale" Gefahrenlage besteht, vermag das gewählte Beispiel für die Beurteilung des vorliegenden Sachverhalts jedoch keine überzeugende Begründung zu geben. Das Gericht hätte hierfür nämlich das normale Risiko einer Verfolgung „zu Fuß" als Vergleichswert heranziehen müssen.

Der gegenwärtige Diskussions- und Erkenntnisstand der Judikatur zum fraglichen Problemkreis wird durch zwei erst kürzlich ergangene Entscheidungen des BGH zum Umfang der Verantwortlichkeit von Gemeinden für Kinderspielplätze erhellt[30]. In der ersten Sache wurde darüber gestritten, ob ein 14jähriger Junge Schadensersatz für eine Querschnittslähmung beanspruchen kann, die er sich beim Hechtsprung von einer zum Abenteuerspielplatz „Westend-Fort" gehörenden Hängebrücke in das nur 50 cm tiefe Wasser des darunterfließenden Baches zugezogen hatte. Entgegen der Ansicht des Berufungsgerichts wies der BGH die Klage ab. Er stellte fest, daß die verwirklichte Gefahr im Rahmen des „üblichen Risikos" der Anlagenbenutzung gelegen habe. Zweck von Abenteuerspielplätzen sei es vor allem, ihre Benutzer „aus moderner pädagogischer Sicht frühzeitig auf die Gefahren des täglichen Lebens einzustellen und sie lernen zu lassen, diese zwar zu wagen, sie aber auch zu beherrschen". Darüber hinaus solle den schon etwas älteren Kindern ein „Ersatz für die heute kaum mehr gegebene Möglichkeit zum Spiel in freier Natur" bereitgestellt werden. Aus diesen Gründen durfte die Gemeinde nach Ansicht des BGH bewußt in Kauf nehmen, daß hin und wieder einmal Jugendliche von der Hängebrücke in den seichten Bach fallen konnten. Zu gefährlichen Kopf- oder Hechtsprüngen in das flache Wasser habe jene Konstruktion dagegen nicht herausgefordert.

Eine ähnliche Argumentation legte das Gericht auch der Beurteilung des zweiten Rechtsstreits zugrunde. Hier war der fast 15jährige Kläger im Verlaufe eines sog. Tarzanspiels, bei dem sich mehrere Jungen von dem Dach einer 4—5 m hohen, auf einem ehemaligen Kinder-

---

[28] BGH NJW 1975, 169.
[29] Übernommen von Deutsch JZ 1967, 642.
[30] BGH vom 25. 4. 1978, JZ 1978, 524 und BGH vom 2. 5. 1978, JZ 1978, 525.

spielplatz³¹ gelegenen Hütte mit Seilen auf den Boden herabschwangen, gegen eine Eisenstange gestoßen und dadurch schwer verletzt worden. Wie schon in der Hängebrückenentscheidung stützte der BGH auch im vorliegenden Fall die Versagung eines Ersatzanspruchs auf den Umstand, daß die von der Gemeinde ehemals erstellte Anlage die konkret geschehene Benutzung nicht nahegelegt habe³² und der eingetretene Schaden somit allein zur Risikosphäre des Klägers gerechnet werden müßte.

Unterzieht man die genannten jüngsten Urteile des BGH zum Vorstellungsbereich allgemeines Lebensrisiko einer genaueren Analyse, so offenbaren sich deutliche Parallelen zu den Turnstundenfällen des Jahres 1967³³. Beide Male wird differenziert zwischen Gefahren, die beim Spiel von Kindern immer vorkommen können und solchen, die erst „künstlich" durch die Schule bzw. die Anlage der Spielplätze heraufbeschworen wurden. In jeder Entscheidung findet sich — zumindest implizite — auch ein Hinweis auf die Notwendigkeit, von seiten der Gemeinschaft Institutionen und Einrichtungen zu schaffen, die den Heranwachsenden auf die „Gefahren des täglichen Lebens" vorbereiten sollen. Es läßt sich somit also durchaus konstatieren, daß die Judikatur im Hinblick auf den fraglichen Problemkreis nach wie vor an denselben Wertungsprinzipien festhält. Wie allerdings der Bogen von denjenigen allgemeinen Schadensmöglichkeiten, die beispielsweise im Zusammenhang mit dem Spiel von Kindern zu gewärtigen sind, etwa zu solchen im Straßenverkehr gespannt werden kann, wo gemeinsame Ansatzpunkte zur Systematisierung der zahlreichen Lebensrisiken liegen und was schließlich das Wesen jener besonderen Gattung von Gefahren ausmacht, auf diese Fragen hat die Rechtsprechung bis heute noch keine befriedigende Antwort bereitgestellt.

B. Lehre

Das Verdienst, den Begriff „allgemeines Lebensrisiko" als erster in die rechtswissenschaftliche Literatur eingebracht zu haben, gebührt, soweit ersichtlich, *Hermann Lange*. Er erwähnte ihn 1960 in einem für den 43. Deutschen Juristentag erstatteten Gutachten[1]. Schon sehr viel

---

[31] Nach Ansicht des BGH war die beklagte Gemeinde hierfür grundsätzlich noch verkehrssicherungspflichtig.
[32] BGH JZ 1978, 525: Eine Ausgleichspflicht wäre nur dann gegeben, „wenn gerade die Attraktivität der demolierten Hütte den Entschluß der Jugendlichen zur Durchführung eben der Tarzan-Spiele reifen ließ".
[33] Vgl. oben S. 14.
[1] Der Titel der Arbeit lautete: Empfiehlt es sich, die Haftung für schuldhaft verursachte Schäden zu begrenzen? Kann für den Umfang der Schadensersatzpflicht auf die Schwere des Verschuldens und die Tragweite der verletzten Norm abgestellt werden?

früher haben allerdings verschiedene andere Autoren einzelne Teilaspekte der Thematik vorweg erörtert. Ohne dem Anspruch auf Vollständigkeit gerecht werden zu wollen und zu können, sei darauf hingewiesen, daß sich z. B. *Traeger* bereits im Jahre 1904 dafür eingesetzt hat, dem Verletzten trotz der gegen ihn verübten unerlaubten Handlung ein eigenes Schadensrisiko zu reservieren, wenn der Erfolgseintritt auf purem Zufall beruhte[2]. Eine andere Seite der Thematik beleuchtete *Wilburg*, der 1941 erkannte, daß die persönliche Sphäre des Menschen ein wesentliches Element des Schadensrechts darstellt[3]. Schließlich muß in hervorgehobenem Maße *v. Caemmerer* erwähnt werden, der mit seiner 1956 gehaltenen Freiburger Rektorratsrede nicht nur den Anstoß zur Übernahme der Schutzzwecklehre durch die Rechtsprechung gegeben hat[4], sondern mit der Formel vom „eigenen Lebensbereich"[5] des Verletzten auch ein Großteil an gedanklicher Vorarbeit zur späteren Herausbildung des Begriffs „allgemeines Lebensrisiko" leistete.

Hermann Lange hat die fragliche Problematik an fünf Beispielen aus der Judikatur verdeutlicht. Im ersten Fall wurde jemand unschuldig das Opfer einer Strafverfolgung[6], beim zweiten erlitt ein Schrankenwärter als Zeuge eines Verkehrsunfalles einen Schock[7], in der dritten Sachverhaltsgestaltung steckte sich der vom Schädiger fahrlässig Verletzte während des anschließenden Krankenhausaufenthaltes mit Grippe an[8], das vierte Beispiel handelt von dem Schicksal des Prothesenträgers, der im Krieg durch Granatsplitter getötet wurde[9] und im fünften schließlich ging es um die Beschädigung eines an der Straße gelegenen Grünstreifens durch im nachhinein nicht mehr feststellbare Autofahrer, die ein vom Beklagten zu verantwortendes Hindernis unvorschriftsmäßig passierten[10]. Nach Meinung Langes hat sich in allen fünf Fällen das allgemeine Lebensrisiko der vom Nachteil betroffenen Personen verwirklicht. Außer der Formulierung, „Gefahr, die jedermann droht"[11], findet sich in dem Gutachten allerdings kein erläuternder Hinweis auf die für eine solche Qualifizierung maßgeblichen Kriterien. Mit der Aufforderung, es sei jeweils zu ermitteln, ob die Verhin-

---

[2] Traeger, 223.
[3] Wilburg, Elemente, 40.
[4] In der Motorradfallentscheidung hat sich der BGH ausdrücklich auf v. Caemmerer bezogen (BGH JZ 1958, 742).
[5] v. Caemmerer, Kausalzusammenhang, 18.
[6] BGHZ 27, 137.
[7] OLG Hamburg Seuff. A 60, 100.
[8] RGZ 105, 264.
[9] BGH NJW 1952, 1010.
[10] LG Düsseldorf NJW 1955, 1031.
[11] Lange, Gutachten, 53.

derung des eingetretenen Erfolgs bei Normierung der verletzten Pflicht als mitbestimmend gedacht werden könne[12], ist für die inhaltliche Klärung des Begriffs „allgemeines Lebensrisiko" wenig gewonnen. Eine solche Vorgehensweise kann allenfalls Aufschluß darüber geben, ob der erlittene Rechtsnachteil vom Schutzzweck der anspruchsbegründenden Gesetzesvorschrift gedeckt ist oder nicht. Immerhin wird insoweit aber deutlich, daß auch Lange, ebenso wie schon vorher der BGH im Motorradfall, den Gedanken des allgemeinen Lebensrisikos dogmatisch nicht als eigenständiges Haftungsbegrenzungskriterium angesehen hat.

Ein wichtiger Anstoß für die Weiterentwicklung ging 1964 von *Joseph Georg Wolf* aus. Im Rahmen seiner grundlegenden Abhandlung über den „Normzweck im Deliktsrecht" untersuchte er auch die Vorstellung vom allgemeinen Lebensrisiko[13]. Dabei stellte er in besonderem Maße die große Bedeutung dieses Kriteriums für den Bereich der Haftungsausfüllung heraus. Als Zusammenfassung seiner Argumentation formulierte er den Leitsatz, daß Folgeschäden, welche eine Gefahr realisierten, die den Betroffenen unabhängig von dem ersten nachteiligen Ereignis traf, dem Ersatzpflichtigen nicht zugerechnet werden dürften[14]. Wolf hat demnach erkannt, daß grundsätzlich zwei Risikobereiche zu unterscheiden sind. Einmal derjenige, der ohnehin im Leben jedes Menschen vorhanden ist, und zum anderen ein solcher, der erst infolge der unerlaubten Handlung zusätzlich geschaffen wird. Zur Verdeutlichung dieser Anschauung soll eine Entscheidung des RG[15] dienen, die auch Wolf in seiner Arbeit zitiert hat[16]. Der Kläger war gestürzt und verrenkte sich das rechte Hüftgelenk. Vom konsultierten Arzt, dem Beklagten, wurde er auf Rheumatismus behandelt. Da die Schmerzen andauerten, ließ sich der Kläger von einem zweiten Heilkundigen untersuchen, der zwar die Verrenkung erkannte, aber die Therapie auf Massage beschränkte, nachdem er vorher vergeblich versucht hatte, das Hüftgelenk wieder einzurenken. Das RG verurteilte den Beklagten auch zum Ersatz des Schadens, den der Kläger durch die fehlerhafte Behandlung des zweiten Arztes erlitten hatte. Diese Entscheidung ist von Wolf kritisiert worden. Seiner Meinung nach wurde dem Beklagten eine Gefahr aufgebürdet, die den Kläger ohnehin traf. Das Risiko einer Fehlbehandlung durch den zweiten Arzt wäre auch gegeben, wenn er den Beklagten gar nicht erst konsultiert hätte. Insofern sei durch die unerlaubte Handlung kein zusätzlicher Gefahrenbereich geschaffen worden. Vielmehr habe sich ein allgemeines Lebensrisiko verwirklicht[17].

---
[12] Lange, Gutachten, 52.
[13] Wolf, 47 ff.
[14] Wolf, 50.
[15] RGZ 102, 230.
[16] Wolf, 48.
[17] Wolf, 49.

1967 ergingen die Urteile des BGH zu den Turnstundenfällen[18]. In mehreren Beiträgen hat die Lehre hierzu Position bezogen[19]. Verbunden mit der überwiegend negativen Einstellung zur Frage der Billigkeit dieser Entscheidungen[20], setzte sich ein Teil der Autoren auch sehr kritisch mit der Formel vom allgemeinen Lebensrisiko auseinander. So vertraten etwa *Mohnhaupt / Reich* die Ansicht, der neue Begriff sei zur Bestimmung der Ausgleichsgrenze und für das dogmatische Gebäude des Aufopferungsanspruchs untauglich. Er lasse nicht erkennen, wo das allgemeine Lebensrisiko anfange und wo es aufhöre, d. h. zu einem besonderen werde, das von dem Betroffenen nicht mehr als ein ihm „vorgegebenes" und durch die Schule lediglich „konkretisiertes" zu tragen sei[21]. In gleichem Sinne formuliert *Ossenbühl*, der es für theoretisch unmöglich hält, das allgemeine Lebensrisiko zu umschreiben[22]. Dafür sei dieser „Allerweltsbegriff" zu überladen und grenzenlos[23]. Er schlägt vor, den Ersatzanspruch ausschließlich vom Normzweck her zu bestimmen. Das allgemeine Lebensrisiko solle dann nur gewissermaßen resümierend alle übrigbleibenden, nicht als Sonderopfer anzuerkennenden Gefahrenlagen umschließen[24]. Ähnlich wie z. B. der BGH im Straßensperrungsfall[25] erkennt also auch Ossenbühl dem Gedanken des allgemeinen Lebensrisikos nicht die Funktion eines mit eigenem Inhalt ausgestatteten Haftungsbegrenzungselements zu, sondern sieht in ihm lediglich eine Möglichkeit, das mit Hilfe anderer Kriterien bereits gefundene Ergebnis begrifflich prägnant zu umreißen. Ebenfalls ablehnend steht *Franz* den Ausführungen des Gerichts in den Turnstundenentscheidungen gegenüber. Er zieht insbesondere die Existenz jener angeblich vom allgemeinen Lebensrisiko umfaßten „naturgegebenen Gefahren"[26] in Zweifel. Viele Gefährdungen, denen der Mensch in früheren Zeiten unentrinnbar ausgesetzt war, seien heute beseitigt oder nahezu bedeutungslos geworden, auf der anderen Seite hätten wiederum zahlreiche neue Schadensmöglichkeiten deren Stelle eingenommen, z. B. im Bereich des Straßenverkehrs[27]. Demgegenüber bemühte sich

---

[18] BGH NJW 1967, 621 und BGH VersR 1967, 470.

[19] Mohnhaupt / Reich NJW 1967, 758; Kötz JZ 1968, 287; Ossenbühl JuS 1970, 279; Franz JZ 1967, 573; Forkel JZ 1969, 11; Rohwer-Kahlmann SozSich 1967, 137; Schnitzerling Der Gemeindetag 1967, 124.

[20] Schnitzerling Der Gemeindetag 1967, 124: Die Entscheidung ist „als hart anzusehen"; Rohwer-Kahlmann SozSich 1967, 137: Die Entscheidung „wertet weder unsere soziale Wirklichkeit überzeugend noch konkretisiert sie das verpflichtende Gebot zur sozialen Gerechtigkeit ausreichend".

[21] Mohnhaupt / Reich NJW 1967, 759.

[22] Ossenbühl JuS 1970, 281.

[23] Ossenbühl JuS 1970, 280.

[24] Ossenbühl JuS 1970, 281.

[25] Vgl. oben S. 18.

[26] Vgl. BGH NJW 1967, 622.

[27] Franz JZ 1967, 573.

Forkel um eine Vertiefung der von ihm grundsätzlich für richtig gehaltenen Argumentation des BGH. Was zum allgemeinen Lebensrisiko des einzelnen gehört, wird seiner Meinung nach sowohl vom „Sozialüblichen" bestimmt, d. h. von der Frage, ob es sich um etwas Besonderes, Außergewöhnliches handelt oder nicht, als auch von einer „Bewertung der beteiligten Interessen"[28].

Gleichfalls 1967 hat *Deutsch*[29] in der Urteilsanmerkung zu einer der ersten Entscheidungen, die sich mit erlittenen Schäden anläßlich von Verfolgungen zu befassen hatten, darauf aufmerksam gemacht, daß die Gefährdung der nacheilenden Person graduell verschieden sein könne. Da sei zunächst das „normale" Risiko des Teilnehmers am Straßenverkehr, welches der Flüchtende keineswegs tragen sollte. Werde ein Fahrer, der die zulässige Höchstgeschwindigkeit überschritten habe, von einem Streifenwagen überholt und gestoppt, so könne man ihn nicht für einen Schaden verantwortlich machen, der entsteht, wenn gerade jetzt ein Reifen des Polizeifahrzeuges platze oder der Streifenwagen mit einem anderen Verkehrsteilnehmer kollidiere. Für eine Haftung kämen nur die „gesteigerten" Risiken der Verfolgung in Betracht, also etwa die hohe Geschwindigkeit, die mangelnde Rücksicht auf Dritte, um mit dem Fliehenden gleichauf zu bleiben, ihn einzuholen oder ihn gar zu überholen[30].

Im Jahre 1968 fand die Thematik innerhalb zweier Veröffentlichungen Erwähnung. *Hans Stoll* übernahm mit seiner Unterscheidung zwischen „allgemeinen" und „zusätzlichen" Risiken zwar zunächst die von J. G. Wolf entwickelte Vorstellung über die verschiedenen Gefahrenbereiche[31], er sah jedoch im Gegensatz zu den bis dahin von Rechtsprechung und Literatur vertretenen Auffassungen als systematischen Standort des Problems nicht die Schutzzwecklehre an. Der Gedanke des allgemeinen Lebensrisikos sei „unabhängig von der Eigenart der im Einzelfall übertretenen Verhaltensnorm"[32].

Dieser grundsätzlich neuartigen Position Stolls auf dogmatischem Gebiet wurden bemerkenswerte Ausführungen *Frieses* zur inhaltlichen Klärung des fraglichen Begriffs an die Seite gestellt. Er vertrat die Ansicht, daß menschliches Zusammenleben mit einer ganzen Reihe von Alltagsrisiken verbunden ist, denen jedermann mehr oder weniger ausgesetzt sei. Sie resultierten nicht nur aus menschlichem Fehlverhalten, sondern häufig auch aus den unentbehrlichen, aber nicht völlig kontrollierbaren Kräften der Technik. Ihnen sei der Mensch ebenso ausgelie-

---

[28] Forkel JZ 1969, 11.
[29] Deutsch JZ 1967, 641.
[30] Deutsch JZ 1967, 642.
[31] Stoll, Kausalzusammenhang, 26.
[32] Stoll, Kausalzusammenhang, 27.

fert wie den Naturgewalten[33]. Friese weist in diesem Zusammenhang darauf hin, daß es „typische Bereiche allgemeiner Lebensrisiken" gebe, wie z. B. die Gefahrenkreise Verkehr, Arbeitsplatz, Sport, Schule und Haushalt[34].

Eine vertiefte Betrachtung der bei Schadensfällen relevanten Risikosphären erfolgte 1969 durch eine Dissertation von *Lüer*[35]. Der Verfasser geht, wie schon Wolf, Stoll und Friese, davon aus, daß jedermann „ein allgemeines soziales Risiko" trage. Dieses werde geprägt durch Attribute wie „persönliche Fähigkeiten und Schwächen, Beruf und Vermögen". Mit der unerlaubten Handlung erhöhe der Delinquent das soziale Risiko des Gefährdeten. Zur allgemeinen Schadensgefahr trete „das spezifische Risiko der unerlaubten Handlung"[36]. In zahlreichen Beispielen versucht Lüer nun zu ergründen, wann im Einzelfall eine spezifische Gefahrenverwirklichung anzunehmen ist. Dabei versäumt er es jedoch, theoretische Klarheit über den Ausgangspunkt seiner Argumentation zu schaffen. Welche Möglichkeiten, einen Schaden zu erleiden, bei genereller Betrachtungsweise „allgemeine soziale Risiken" darstellen, kann aus den angebotenen Lösungen der verschiedenen Sachverhaltsgestaltungen allenfalls mittelbar erschlossen werden. Die Beantwortung dieser Frage ist jedoch logisch vorrangig[37].

Im Rahmen einer Besprechung des Gehirnarteriosklerosefalls entwickelte *Ulrich Huber* aus der Normzwecklehre die sog. „Gefahrbereichstheorie"[38]. Mit dieser Bezeichnung versuchte er deutlich zu machen, daß für die Frage der Verantwortlichkeit innerhalb der Haftungsausfüllung grundsätzlich auf den Gesichtspunkt der Risikoverteilung abzustellen ist. Sowohl inhaltlich als auch dogmatisch orientierte Huber sich im übrigen stark an den bereits von Wolf herausgearbeiteten Grundpositionen. Neu ist allerdings noch der von ihm ins Feld geführte Gesichtspunkt der Entscheidungsfreiheit. Danach soll derjenige, der unbeeinflußt von den Folgen einer zum Schadensersatz verpflichtenden Handlung tätig werden kann, „Herr" seines Lebensrisikos sein[39].

Eine völlig andere Vorstellung vom Wesen des allgemeinen Lebensrisikos hatte *Rehbinder*. Er sah das Merkmal als erfüllt an, wenn der Verbraucher mangels Verschuldens des Herstellers einen Produktenschaden selbst tragen müsse[40]. Die Wurzel des Problems liegt somit

---
[33] Friese, 164/165.
[34] Friese, 169.
[35] Der Titel der Arbeit lautete: „Die Begrenzung der Haftung bei fahrlässig begangenen unerlaubten Handlungen."
[36] Lüer, 124.
[37] Vgl. oben S. 17/18.
[38] Huber JZ 1969, 677 ff.
[39] Huber JZ 1969, 682.
[40] Rehbinder JuS 1969, 209.

nach Auffassung Rehbinders ausschließlich in der Frage, ob der Delinquent subjektiv für einen Erfolg verantwortlich gemacht werden kann. Auf Umstände, die dem Lebensbereich des Geschädigten entstammen, soll es dagegen nicht ankommen.

Auch auf das Gebiet des Strafrechts wurde schon 1969 die Diskussion um das allgemeine Lebensrisiko ausgedehnt. So wollte *Rudolphi* einem Täter den von ihm verursachten Folgeschaden nur dann zuordnen, wenn die sich darin realisierende Gefahr „selbst das erlaubte Maß" überschreite und damit nicht mehr zu den „allgemeinen, rechtlich nicht mißbilligten Lebensrisiken" des Betroffenen gehöre[41]. Bemerkenswert an dieser Aussage ist besonders die Charakterisierung der verschiedenen Gefahrenbereiche mit den normativen Kategorien „erlaubt" und „mißbilligt". Hierin zeigt sich das gegenüber dem Deliktsrecht noch stärker im Vordergrund stehende Anliegen des Strafrechts, klarzustellen, welche Verhaltensweisen einer Person verboten und welche ihr gestattet sein sollen.

In einem 1970 veröffentlichten Aufsatz untersuchte *v. Caemmerer* „die Bedeutung des Schutzbereichs einer Rechtsnorm für die Geltendmachung von Schadensersatzansprüchen aus Verkehrsunfällen"[42]. Dabei schloß er sich dogmatisch der Auffassung an, die mit Hilfe des Gedankens vom allgemeinen Lebensrisiko feststellen will, ob der eingetretene Erfolg dem Zweck der anspruchsbegründenden Gesetzesvorschrift entspricht[43]. Unter dem Gesichtspunkt der inhaltlichen Klärung des fraglichen Problemkreises wies v. Caemmerer darauf hin, daß die normalen Gefahren des heutigen Kraftfahrzeugverkehrs zum allgemeinen Lebensrisiko zu rechnen seien[44]. Dies gelte insbesondere für Schockschäden, die Dritte bei Autounfällen erlitten. Hier sei die Versagung eines Ersatzanspruches aus rechtspolitischen Gründen zwingend geboten. Es gehe nicht an, daß die Verantwortlichkeit des Delinquenten in diesen Fällen über Gebühr ausgedehnt werde[45].

Nach *Schickedanz* sind alle Deliktsfolgen, die nicht der spezifischen durch die Haftungsbegründung geschaffenen Gefahrenlage entstammen, dem allgemeinen Lebensrisiko des Opfers zuzurechnen[46]. Für die hierbei vorzunehmende Abgrenzung bedürfe es „einer eigenständigen rechtspolitischen Wertung", die von der im Einzelfall übertretenen Verhaltensnorm unabhängig sei[47]. Wie schon vorher Stoll[48] wendet sich

---
[41] Rudolphi JuS 1969, 555.
[42] v. Caemmerer DAR 1970, 283.
[43] v. Caemmerer DAR 1970, 287.
[44] v. Caemmerer DAR 1970, 288.
[45] v. Caemmerer DAR 1970, 291.
[46] Schickedanz NJW 1971, 920.
[47] Schickedanz NJW 1971, 920.

also auch Schickedanz in seinem 1971 geschriebenen Aufsatz gegen die Eingliederung des Gedankens vom allgemeinen Lebensrisiko in das Schutzzweckkriterium. Im übrigen greift er das primär von Lüer herausgearbeitete Merkmal der „spezifischen Gefahrverwirklichung" auf, wobei er allerdings ebenfalls nicht erkennt, daß der Feststellung des Besonderen diejenige des Normalen logisch vorzugehen hat[49].

Kritisch beleuchteten im selben Jahr *Lorenz-Meyer* und *Mertens / Reeb* den Begriff „allgemeines Lebensrisiko". Sie hielten ihn für „nichtssagend und unwichtig"[50], für eine „Leerformel", die ihrerseits der Ausfüllung bedürfe[51]. So werde vom BGH im Gehirnarteriosklerosefall eine Antwort auf die Frage, was zum allgemeinen Lebensrisiko gehöre, erst gar nicht gegeben[52].

Im gleichen Sinne äußerte sich 1972 *Keuk*, die die Frage aufwarf, ob es denn überhaupt Geschicke gäbe, die dem Menschen nicht jederzeit widerfahren könnten[53]. Bei *Comes* stieß besonders die Argumentation des BGH zu den Verfolgungsfällen auf Unverständnis. Es sei in keiner Weise zu erkennen, welche Kriterien eine Nacheile über frisch geschnittenen Rasen im allgemeinen Lebensrisiko verbuchten und welche ein gesteigertes Risiko anzeigten, sobald es eine Bahnhofstreppe abwärts gehe[54].

Als Vertiefung seiner Anmerkung zum Gehirnateriosklerosurteil stellt sich ein Festschriftbeitrag *Hubers* aus dem Jahre 1973 dar[55]. Hierin unternahm der Autor den Versuch, eine allgemein — theoretische Begründung für die von ihm vorgeschlagene Lösung des zu erörternden Problemkreises zu geben. Er bezeichnete diejenigen Gefahren, welche mit der Teilnahme am allgemeinen Verkehr auf der Straße, der Schiene, zu Wasser und in der Luft normalerweise verbunden sind, als „sozialadäquat". Ihnen könnten sich die meisten Menschen ohnehin nicht entziehen. Sie seien unvermeidlich und zumutbar. Niemand habe deshalb ein Recht darauf, solchen Gefahren nicht ausgesetzt zu werden[56]. Ähnlich wie Rudolphi[57] verweist Huber in diesem Zusammenhang auf den Maßstab des „erlaubten Risikos"[58], welches nicht mehr in den

---
[48] Vgl. oben S. 25.
[49] Vgl. oben S. 17/18 und S. 26.
[50] Lorenz-Meyer, 25.
[51] Mertens / Reeb JuS 1971, 589.
[52] Lorenz-Meyer, 25.
[53] Keuk, 232.
[54] Comes NJW 1972, 2023.
[55] Huber, Festschr. Wahl, 301 ff.
[56] Huber, Festschr. Wahl, 323.
[57] Vgl. oben S. 27.
[58] Huber, Festschr. Wahl, 321.

Schutzbereich der zur Anspruchsbegründung herangezogenen Verbotsnorm falle.

In einer 1974 veröffentlichten Monographie über die Rechtsverhältnisse der Lotsen hat sich *Jürgen Hübner* engagiert für eine Schadenszuweisung nach Risikosphären ausgesprochen. Nur mittels Abgrenzung der verschiedenen Gefahrenbereiche könne der Inhalt des Schutzzweckkriteriums zutreffend bestimmt werden[59]. Von der Sache her betrachtete Hübner den Gedanken des allgemeinen Lebensrisikos als eine Konkretisierung der Regel „casum sentit dominus", in welcher das Prinzip der „Verantwortlichkeit des Menschen für die eigene Rechtssphäre" mitenthalten sei[60].

Im gleichen Jahr untersuchte *Lanz* die Brauchbarkeit der Schutzzwecklehre für das schweizerische Recht. Dabei schenkte er auch dem für die vorliegende Untersuchung interessierenden Problemkreis Beachtung. Seiner Ansicht nach gehört die Gefahr einer Schädigung durch Autounfälle „heute zweifellos" zum allgemeinen Lebensrisiko, welches jedermann selbst zu tragen habe. Wer sich am Straßenverkehr beteilige, nehme stillschweigend die Gefahr eines Unfalls in Kauf, weil er diese im Vergleich zum Nutzen, den ihm sein Verhalten eintrage, als gering erachte[61]. Das besondere Verdienst der Arbeit von Lanz besteht darin, daß in ihr erstmals eine Beziehung zwischen der Vorteil — Nachteil — Relation von bestimmten Betätigungen und dem Gedanken des allgemeinen Lebensrisikos hergestellt wird.

Im Jahre 1976 veröffentlichte *Deutsch* eine grundlegende Darstellung des Haftungsrechts. Obwohl er darin den Begriffen „Gefahr", „Gefährdung" und „Gefahrerhöhung" relativ breiten Raum widmete[62], trat die Vorstellung vom allgemeinen Lebensrisiko — jeweils verborgen hinter anderslautenden Formulierungen — nur an wenigen Stellen der Bearbeitung in Erscheinung. So stellte der Verfasser etwa fest, daß grundsätzlich ein „maßvolles Risiko" gelaufen werden könne. Unzulässig und sorgfaltswidrig sei lediglich das Übermaß der Gefahr. Wie die Entscheidungen des BGH zu den Verfolgungsfällen gezeigt hätten, habe diese „gesteigerte Gefahr" auch schon im Rahmen der Haftungsbegründung ihren Platz[63]. Deutsch verzichtet darauf, den Begriff „allgemeines Lebensrisiko" über die in den bisherigen Definitionsversuchen zum Ausdruck gekommenen unscharfen Wendungen, wie etwa „naturgegebene Gefahren" oder „Schicksal, dem jedermann unterliegt", hinaus zu präzisieren. Auch er muß sich somit vorhalten lassen,

---

[59] Hübner, Risikosphären, 65.
[60] Hübner, Risikosphären, 57.
[61] Lanz, 192.
[62] Deutsch, Haftungsrecht, 177 ff.
[63] Deutsch, Haftungsrecht, 189.

daß er das Prinzip der Risikoerhöhung „zum rechtspolitischen Postulat" erklärt[64], ohne eine generelle Vorstellung über die hierbei zugrundegelegte Ausgangssituation, die Normallage, entwickelt zu haben.

16 Jahre nach Erstattung seines Gutachtens für den 43. Deutschen Juristentag fand der Gedanke des allgemeinen Lebensrisikos bei Hermann Lange in einem Aufsatz mit dem Titel: „Adäquanztheorie, Rechtswidrigkeitszusammenhang, Schutzzwecklehre und selbständige Zurechnungsmomente"[65] erneut Beachtung. Er stellt fest, daß es Risiken gebe, die „mit unseren Formen des Zusammenlebens" ganz allgemein verbunden seien. Diese würden auch dann nicht als Unfallfolge empfunden, wenn sie sich aufgrund eines an sich zum Ersatz verpflichtenden Umstandes verwirklichten und mit ihm in adäquatem Kausalzusammenhang ständen. Das gelte insbesondere für die mit jeder Teilnahme am Straßenverkehr verbundene Gefährdung. So könne z. B. ebensowenig einen Ausgleich verlangen, wer nach einem von anderer Seite verschuldeten Autounfall auf der Fahrt vom Krankenhaus in seine Wohnung erneut verunglücke, wie im Vertragsrecht der Gläubiger, der durch den Verzug des Schuldners zu einer Taxifahrt veranlaßt werde, in deren Verlauf er körperliche Verletzungen erleide[66]. Bedeutungsvoller noch als diese zum Teil auch schon von anderen Autoren vorgebrachten Überlegungen[67] sind die Ausführungen Langes zur dogmatischen Einordnung. Im Gegensatz zu seiner 1960 vertretenen Ansicht will er das Haftungsbegrenzungselement „allgemeines Lebensrisiko" nun nicht mehr dem Schutzzweckkriterium unterordnen, sondern es mit eigenständiger Funktion in einem „dritten Zurechnungsbereich" geprüft wissen[68]. Zur Begründung führt er aus, daß es sich hierbei um ein Merkmal handele, welches seine Quelle nicht in der konkreten Verhaltenspflicht oder Haftungsnorm habe. Es werde vielmehr „von außen an diese herangetragen". Über das Wesen der einzelnen Momente des dritten Zurechnungsbereichs vermag Lange allerdings noch keine hinreichend klaren Vorstellungen zu entwickeln[69]. Seiner Ansicht nach könne man sie bis auf weiteres nicht unter einem einheitlichen Grundgedanken zusammenfassen. Sie stünden einem „Optimum an erreichbarer Rationalisierung" noch fern[70].

---

[64] Deutsch, Haftungsrecht, 189.
[65] Lange JZ 1976, 198 ff.
[66] Lange JZ 1976, 206.
[67] Vgl. Friese, 164 f.; v. Caemmerer DAR 1970, 288 und Lanz, 192.
[68] Lange JZ 1976, 206.
[69] Neben dem Gedanken des allgemeinen Lebensrisikos erwähnt er noch das Kriterium der „Herausforderung" und die Fallgruppe der Schadenspraedisponiertheiten.
[70] Lange JZ 1976, 206.

B. Lehre

Im Rahmen eines im Ausland gehaltenen Vortrages über neuere Entwicklungen auf dem Gebiete des deutschen Schadensrechts übte *Stoll*, wie schon vorher Comes[71], Kritik an der Rechtsprechung des BGH zu den Verfolgungsfällen. Dabei ging es ihm nicht so sehr um die Billigkeit des Ergebnisses in der konkret entschiedenen Streitsache, als vielmehr um die grundsätzliche Feststellung, daß die Differenzierung zwischen gesteigertem und normalem Verfolgungsrisiko „kaum praktikabel und wenig überzeugend" sei[72]. Zur Lösung verweist Stoll auf den Gesichtspunkt der Pflichtwidrigkeit. Der BGH hätte darlegen müssen, daß der Unfall des Nacheilenden Ausdruck eines Risikos war, vor dem der Flüchtende ihn zu bewahren hatte.

Ebenfalls im Jahre 1976 vertrat der österreichische Rechtsgelehrte *Kramer* in einem Aufsatz den Standpunkt, daß die psychische Bewältigung von Schicksalsschlägen oder sonst ungewöhnlichen Vorkommnissen des täglichen Lebens in bestimmten Fällen als „Angelegenheit des Betroffenen", als sein „allgemeines Lebensrisiko", anzusehen sei, das ihm nicht abgenommen werden könne[73]. An anderer Stelle brachte er den Gedanken des allgemeinen Lebensrisikos mit dem Kriterium des Zufalls in Verbindung[74], ohne allerdings zu klären, in welchem generellen Verhältnis allgemeines Lebensrisiko und Adäquanz zueinander stehen.

In zwei Beiträgen aus den Jahren 1977 geben die Verfasser ihre grundsätzlich positive Einstellung zur Formel vom allgemeinen Lebensrisiko wieder. Während sich dies bei *Görgens* darin äußert, daß er, im Gegensatz etwa zu Wolf und Huber[75], die „Gefahrbereichs- oder Risikotheorie", d. h. die Abgrenzung der verschiedenen Sphären, nicht nur bei den Folgeschäden, sondern darüber hinaus auch im Rahmen der Haftungsbegründung für brauchbar hält[76], präzisiert *Gotzler* seine Meinung dahin, daß er den Verletzten im Schadensfall nicht von allen Risiken freistellen will, die das „tägliche Leben" mit sich bringt[77].

In der modernen Kommentarliteratur zum Problem des Schadensausgleichs ragt in besonderem Maße die ausführliche Bearbeitung *Staudinger / Schäfers* heraus. Bei ihr fällt auf, daß der Verfasser an einigen Stellen den Ausdruck „eigenes" Lebensrisiko verwendet[78], an anderen dagegen vom „allgemeinen" Lebensrisiko spricht[79]. Der Begriff „eige-

---

[71] Vgl. oben S. 28.
[72] Stoll, Neuere Entwicklungen, 13.
[73] Kramer JZ 1976, 345.
[74] Kramer JZ 1976, 342.
[75] Vgl. oben S. 23 und S. 26.
[76] Görgens JuS 1977, 713.
[77] Gotzler, 46.
[78] Staudinger / Schäfer v. § 823 Rdz. 78, 79, 83; § 823 Rdz. 450 a, 450 b.

nes" Lebensrisiko wird immer dann bemüht, wenn es um die Situation der konkret verletzten Person geht[80]. Soll jedoch eine Gefahr beschrieben werden, die dem Menschen in seinen generellen Funktionen als Lebewesen, Staatsbürger, Verkehrsteilnehmer usw. droht, so gebraucht Schäfer grundsätzlich die Formulierung „allgemeines" Lebensrisiko[81]. Den in Literatur und Rechtsprechung unternommenen Versuchen, die Idee des Lebensrisikos zu einem brauchbaren Abgrenzungskriterium im Bereich des Schadensrechts zu erheben, steht Schäfer eher skeptisch gegenüber. Abgesehen davon, daß eine präzise inhaltliche Erfassung des Merkmals bisher recht problematisch ausgefallen sei, müsse doch wohl zunächst die grundsätzliche Frage beantwortet werden, ob es denn überhaupt gerechtfertigt sei, die Haftung des rechtswidrig schuldhaft Handelnden durch Zurechnung zum eigenen Lebensrisiko auf Kosten des schuldlos Geschädigten zu begrenzen. Eine überzeugende Begründung stehe hier noch aus[82].

In der Kommentierung des Schadensrechts durch *Palandt / Heinrichs* wird bemerkt, daß Folgeschäden trotz adäquater Verursachung nicht zu ersetzen seien, soweit sie bei wertender Betrachtung die Verwirklichung eines allgemeinen Lebensrisikos darstellten. Hierfür komme es entscheidend darauf an, ob der erlittene Nachteil „in innerem Zusammenhang" mit der vom Schädiger herbeigeführten Gefahrenlage stände oder ob er zu dieser „eine bloß zufällige äußere Verbindung" habe[83]. Was die Rechtsprechung zu den Verfolgungsfällen angeht, so bleibt nach Ansicht Heinrichs nach wie vor unklar, wann ein Risiko im Gegensatz zum normalen gesteigert ist, ob es sich dabei um eine zusätzliche Anspruchsvoraussetzung handeln soll oder, wenn nicht, unter welches Tatbestandsmerkmal das gesteigerte Risiko dogmatisch eingeordnet werden muß[84].

Auch *Erman / Sirp* weisen darauf hin, daß die Unterscheidung der verschiedenen Gefährdungsstufen schwierig sei, wie gerade die Urteilsbegründungen im Bahnhofstreppen- und im Rasenfall gezeigt hätten[85].

In den neuesten Auflagen der Lehrbücher zum Schadensrecht taucht der Begriff „allgemeines Lebensrisiko" zwar nahezu durchgängig auf,

---

[79] Staudinger / Schäfer v. § 823 Rdz. 84, 87, 92, 100; § 823 Rdz. 449; v. § 839 Rdz. 18.
[80] z. B. Staudinger / Schäfer v. § 23 Rdz. 78.
[81] z. B. Staudinger / Schäfer v. § 823 Rdz. 84, 85, 87. Diese Unterscheidung ist allerdings nicht immer streng durchgehalten, etwa wenn vom „allgemeinen" Lebensrisiko der infolge eines geplatzten Reifens verunglückten Streifenwagenbesatzung aus dem Beispiel Deutschs (vgl. S. 25) gesprochen wird (Staudinger / Schäfer v. § 823 Rdz. 100).
[82] Staudinger / Schäfer § 823 Rdz. 450 b.
[83] Palandt / Heinrichs v. § 249 Rdz. 5 c cc.
[84] Palandt / Heinrichs v. § 823 Rdz. 6.
[85] Erman / Sirp § 249 Rdz. 40.

er wird jedoch in der Regel nicht näher erklärt. Man erwähnt ihn vielfach ausschließlich im Zusammenhang mit der Darstellung von solchen Gerichtsentscheidungen, bei denen er bereits in der Urteilsbegründung eine Rolle gespielt hat[86]. Diese etwas stiefmütterliche Behandlung der Vorstellung vom allgemeinen Lebensrisiko rührt zu einem Großteil vermutlich daher, daß die meisten Autoren den bisher erarbeiteten Lösungsvorschlägen ablehnend gegenüberstehen. So stellt etwa *Larenz* die Überlegung an, ob es sich bei der Schadensverteilung nach Risikobereichen nicht doch vielleicht nur um eine andere möglicherweise vorzuziehende Formulierung des grundsätzlichen Gedankens der Adäquanztheorie handele. Mit der Formel vom allgemeinen Lebensrisiko sei jedenfalls wenig anzufangen, denn, so fragt er in Übereinstimmung mit Keuk[87], „was ist nicht ein Geschick, das dem Menschen jederzeit — d. h. auch ohne Verletzung des Körpers — widerfahren kann?"[88].

Ähnlich hart gehen auch *Esser / Schmidt* mit dem Begriff ins Gericht. Sie sind der Auffassung, daß Wendungen in denen von einem „allgemeinen Lebensrisiko", das der Verletzte selbst zu tragen habe, die Rede sei, besser vermieden werden sollten. Sie dienten nur als gängiger Ausdruck dafür, daß keine Kriterien erfüllt seien, welche die Überwälzung des Schadens auf einen anderen zuließen. Eine eigenständige funktionale Bedeutung komme ihnen nicht zu[89].

Positiver steht *Kötz* der fraglichen Problematik gegenüber. Zwar ist auch er der Meinung, daß die Urteile im Bahnhofstreppen- und im Rasenfall nicht überzeugen[90], er hält den Gedanken des allgemeinen Lebensrisikos jedoch grundsätzlich für brauchbar. Es sei nun einmal notwendig, die Gefahren auszuscheiden, die der Geschädigte „ohnehin" trage. Als Beispiel führt er den Fall an, daß sich jemand zur Versorgung erlittener Unfallverletzungen zum Arzt begibt und dabei von einem herabfallenden Dachziegel getroffen wird[91]. Für die hieraus entstehenden Nachteile könne der Betroffene keinen Ausgleich beanspruchen.

Die Zusammenstellung der veröffentlichten Lehrmeinungen hat somit gezeigt, daß hinsichtlich des Begriffs „allgemeines Lebensrisiko" sehr unterschiedliche Ansichten vertreten werden. Schon über die Frage seiner Aufnahme in den spezifisch juristischen Sprachgebrauch wird teilweise heftig gestritten. Trotz des in letzter Zeit verstärkt zu beobachtenden Interesses am Problembereich „allgemeines Lebensrisiko" über-

---

[86] Vgl. z. B. Fikentscher, 690; Brox Rdz. 331.
[87] Vgl. oben S. 28.
[88] Larenz, SR I, 363.
[89] Esser / Schmidt, SR I, Tbd. 2, 15.
[90] Kötz, Deliktsrecht, 79.
[91] Kötz, Deliktsrecht, 82.

rascht jedoch, daß eine grundsätzliche inhaltliche und dogmatische Auseinandersetzung mit dieser Thematik noch fehlt. Es wird besonders für diejenigen Autoren, die dem neuen Gedanken positiv gegenüberstehen, in Zukunft darauf ankommen, die Diskussion über das allgemeine Lebensrisiko auf ein gefestigteres Fundament zu stellen.

Zweiter Teil

Inhaltliche Klärung

A. Erste Orientierung durch analytische Ausschöpfung des Wortsinns

I. „Risiko"

Nach Kluges Etymologischem Lexikon liegen die Ursprünge des Wortes „Risiko" in der antiken Sprachwelt. Die griechische Bezeichnung für Wurzel (rhiza) hatte die Nebenbedeutung von Klippe; „risicare" war der volkslateinische Ausdruck für „Klippen umschiffen"[1]. In dieser bildhaft anschaulichen Beschreibung des heute in hohem Maße nur noch abstrakt erfaßbaren Begriffs „Risiko" offenbart sich dessen nahe Verwandtschaft mit den Erscheinungsformen „Gefahr" und „Wagnis"[2]. Besonders die Wendungen „Risiko" und „Gefahr" sind offenbar weitestgehend auswechselbar. So definiert etwa Creifelds die Gefahr i. S. d. BGB als „Risiko des zufälligen Untergangs der Leistung in einem Schuldverhältnis"[3].

Der allgemeine und auch der juristische Sprachgebrauch verbinden mit dem Phänomen des Risikos nicht selten gleichzeitig die Vorstellung vom Bestehen einer Gewinnchance. Dieses Prinzip der gegenseitigen Verknüpfung vor- und nachteiliger Zukunftsperspektiven liegt z. B. der Gewährung sog. Risikoprämien zugrunde. Hier erhält jemand dafür, daß er bestimmte Gefahren auf sich nimmt, einen finanziellen Ausgleich. Hat der Betreffende Glück gehabt und der mögliche Schadensfall ist nicht eingetreten, so kann er den die Prämie ausmachenden Geldbetrag als zusätzlichen Verdienst in sein Vermögen vereinnahmen. Ein ähnliches Strukturmuster findet sich bei der im Arbeitsrecht entwickelten Lehre vom Betriebsrisiko[4]. Da die erhöhte Gefahr des Unternehmers, ersatzpflichtig zu werden, kompensiert wird durch die Aussicht,

---

[1] Kluge, 602.
[2] Meyer (S. 197) setzt in seinem Enzyklopädischen Wörterbuch „Risiko", „Wagnis" und „Gefahr" gleich.
[3] Creifelds, 444.
[4] Vgl. zu diesem Problemkreis besonders Kalb, Rechtsgrundlage und Reichweite der Betriebsrisikolehre, 1977.

Gewinne erwirtschaften zu können, stehen auch hier Risiko und Chance unmittelbar nebeneinander. Trotz der vielfach vorhandenen engen Verbindung zwischen beiden Erscheinungsformen stellt die Chance jedoch kein essentielles Element des Risikogedankens dar. Sie fungiert vielmehr als dessen Komplementärbegriff. Der Ausdruck „Risiko" erfaßt allein den ungünstigen Verlauf eines Vorgangs. Er bezeichnet die Möglichkeit, daß ein Ereignis Nachteile mit sich bringt[5]. Wegen dieser Begrenzung auf negative Folgen ist im übrigen auch der von Meyer verwendete Begriff „Wagnis" zur präzisen Erläuterung des Risikogedankens kaum geeignet. Wie bereits in dem Sprichwort — „wer wagt, gewinnt" — zum Ausdruck kommt, ist darin doch immer die Vorstellung von einer realisierbaren Chance mitenthalten.

Es läßt sich somit feststellen, daß mit dem Begriff „Risiko" die Möglichkeit eines unerwünschten Erfolgs umschrieben wird. Diese universelle Bedeutung muß allerdings für den Bereich der Jurisprudenz eine Spezifikation erfahren. Hier interessieren nicht alle nachteiligen Ergebnisse, die aus einem Geschehnis erwachsen können. So ist z. B. die Gefahr, daß jemand durch bestimmte Verhaltensweisen die Liebe seines Mädchens verliert, für die Rechtsordnung grundsätzlich unbeachtlich. Solche Entwicklungen werden zwar im gewöhnlichen Sprachgebrauch bisweilen ebenfalls als allgemeine Lebensrisiken bezeichnet, eine rechtswissenschaftliche Analyse hat sich jedoch ausschließlich mit solchen unerwünschten Folgen zu befassen, die Gegenstand einer juristischen Auseinandersetzung werden können. Der Begriff „Risiko" ist somit zu konkretisieren auf die Möglichkeit, rechtlich relevante Nachteile zu erleiden.

II. „Lebensrisiko"

Die Ergänzung des Wortelements „Risiko" durch den Zusatz „Leben" könnte eine Aussage über die Art der zu gewärtigenden Nachteile beinhalten. So werden etwa bei dem Begriff „Verletzungsrisiko" aus der Gesamtschau aller ungewissen und unerwünschten Folgen eines Ereignisses diejenigen herausgegriffen, die als Beeinträchtigung der körperlichen Unversehrtheit einer Person anzusehen sind. Würde der Zusatz „Leben" diese Funktion erfüllen, so müßte sich die vorliegende Untersuchung darauf beschränken, die rechtliche Relevanz von Situationen darzustellen, in denen die Möglichkeit besteht, daß ein Mensch sein Le-

---

[5] Vgl. die Definitionen Meyers (S. 197) zur Bedeutung des Begriffs „Risiko" in einigen außerrechtlichen Disziplinen — a) in der Wirtschaftstheorie: „Möglichkeit eines ökonomischen Mißerfolgs"; b) in der Psychologie: „Wahrscheinlicher Anteil negativ bewerteter Ausgänge einer bestimmten Handlung am Spektrum aller möglichen Ausgänge"; c) im Versicherungswesen: „Möglichkeit eines ungünstigen Abweichens der Effektivwerte von den vorausgeplanten und erwarteten Sollwerten."

ben verliert. Eine solch enge Betrachtungsweise entspräche jedoch weder dem Sinn der Problemstellung noch der Praxis des gewöhnlichen Sprachgebrauchs, der in diesem Fall den Ausdruck „Lebensgefahr" verwendet. Wie auch ein Blick auf die dargestellte Literatur und Rechtsprechung zeigt, sind bei der Erörterung der gestellten Thematik alle denkbaren rechtlich relevanten Nachteile zu berücksichtigen, also nicht nur der Verlust des Lebens, sondern darüber hinaus jede Beeinträchtigung persönlicher oder vermögenswerter Güter. So ging es etwa im Motorradbeispiel[6] um den Ausgleich entstandener Verteidigungskosten, in den Turnstundenfällen[7] hatte die Klage eine, wenn auch schwere, Körperverletzung zum Gegenstand und im Straßensperrungsfall[8] schließlich begehrte der Geschädigte Ersatz für die Beeinträchtigung seines Eigentums. Die Ergänzung „Leben" kennzeichnet somit nicht die Art des unerwünschten Erfolgs. Sie gibt vielmehr den Bezugsbereich an, für den die Möglichkeit, rechtlich relevante Nachteile zu erleiden, festgestellt werden soll. Dieser Bezugsbereich ist das Dasein des Menschen im Sinne der natürlichen Existenz als Lebewesen.

III. „Allgemeines Lebensrisiko"

Mit Hilfe des vorangestellten Adjektivs werden bestimmte Gefahren von anderen abgesondert, nämlich die „allgemeinen" Lebensrisiken von den sog. „gesteigerten" oder „zusätzlichen". Diese Termini finden in der rechtswissenschaftlichen Diskussion immer dann Verwendung, wenn es um die Beschreibung des im konkreten Schadensfall entstandenen Gefahrenbereichs geht[9]. Das ergänzende Eigenschaftswort „allgemein" bezieht sich somit nicht auf die Größe bzw. Zusammensetzung des Personenkreises, für den jeweils die Möglichkeit des unerwünschten Ausgangs bestand, sondern es dient der begrifflichen Abgrenzung der Risiken, die mit dem Leben des Geschädigten ohnehin, d. h. unabhängig vom haftungsbegründenden Umstand, ständig und nicht nur in Notlagen, also üblicherweise, verbunden sind, von denjenigen, die erst infolge des Ereignisses, für das der in Anspruch Genommene einstehen soll, neu (künstlich)[10] geschaffen wurden. Übertragen auf den von Deutsch gebildeten Reifenpannenfall[11] bedeutet diese Betrachtungsweise, daß die Beantwortung der Frage, ob sich für die Polizisten ein

---
[6] BGHZ 27, 137, vgl. oben S. 13.
[7] BGH NJW 1967, 621; BGH VersR 1967, 470; vgl. oben S. 14.
[8] BGH NJW 1972, 904; vgl. oben S. 18.
[9] Vgl. z. B. BGH NJW 1971, 1983; OLG Düsseldorf MDR 1974, 490; BGH NJW 1975, 169; Staudinger / Schäfer v. § 823 Rdz. 110; Palandt / Thomas v. § 823 Rdz. 6; Stoll, Kausalzusammenhang, 26; Mohnhaupt / Reich NJW 1967, 759.
[10] BGH NJW 1967, 622.
[11] Vgl. oben S. 25.

„allgemeines" Lebensrisiko verwirklicht hat oder nicht, allein davon abhängt, inwieweit der Unfall auf einer durch die Flucht veranlaßten besonderen, normalerweise von den Beamten nicht praktizierten Fahrweise beruht[12]. Dagegen ist für die Beurteilung des Geschehens unter dem Gesichtspunkt „allgemeines" oder „gesteigertes" Lebensrisiko prinzipiell ohne Belang, ob nur einzelne Personen, die Mitglieder bestimmter Gruppen oder aber alle Menschen in eine derartige Gefahrensituation kommen konnten, wie sie für die verunglückten Polizisten bestanden hat.

Die inhaltliche Vorklärung des fraglichen Problemkreises im Wege einer am Wortsinn orientierten analytischen Methodik führt somit zu dem Ergebnis, daß unter den Begriff „allgemeines Lebensrisiko" grundsätzlich alle mit der natürlichen Existenz eines Menschen als solcher üblicherweise verbundenen Möglichkeiten fallen, rechtlich relevante Nachteile zu erleiden.

B. Vertiefung

I. Das Verhältnis zwischen haftungsbegründendem Umstand und konkret verwirklichtem allgemeinen Lebensrisiko

Hinter den Überlegungen zur sachlichen Klärung der Formel vom allgemeinen Lebensrisiko steht, wie bereits deutlich geworden ist, der fundamentale Gedanke, daß Vermögenseinbußen, die aus der Realisierung bestimmter mit dem Leben zwangsläufig verbundener Gefahren erwachsen sind, nicht auf andere Personen abgewälzt werden können. Trotz Vorliegens aller sonstigen Haftungsvoraussetzungen soll der Betroffene in diesen Fällen den erlittenen Nachteil selbst tragen. Entscheidende Bedingung hierfür ist allerdings, daß der Geschädigte erst nach Eintritt des Ereignisses, an welches für die Geltendmachung des Ersatzanspruches angeknüpft wird, in die konkrete Gefahrenlage gekommen ist, aus der sich dann das als Verwirklichung eines allgemeinen Lebensrisikos zu qualifizierende Folgegeschehen entwickelt hat[1].

Die gewöhnliche Unfallverletzung im Straßenverkehr gehört, ohne daß es schon an dieser Stelle näherer Begründungen bedürfte, zweifellos zu den üblicherweise mit dem Leben des modernen Menschen verbundenen rechtlich relevanten Nachteilen[2]. Freilich kann nun aber derjenige, der etwa wegen fahrlässiger Nichtbeachtung der Vorfahrtsregel

---
[12] Deutsch JZ 1967, 642.
[1] In der Diskussion zum allgemeinen Lebensrisiko wurde der damit angesprochenen Problematik bisher noch keine gesonderte Beachtung geschenkt. Man ging offenbar als selbstverständlich davon aus, daß die jeweils in Frage stehende übliche Schadensmöglichkeit gerade durch den haftungsbegründenden Umstand herbeigeführt worden sein muß.
[2] Friese, 164 f.; v. Caemmerer DAR 1970, 288; Lanz, 192; Lange JZ 1976, 206.

eine andere Person körperlich schwer geschädigt hat, dieser gegenüber nicht mit Erfolg einwenden, sie müsse ihr allgemeines Lebensrisiko selbst tragen und könne deswegen von ihm keinen Ausgleich beanspruchen. Der Grund für die Bejahung der Haftpflicht liegt hier darin, daß der Verletzte zum Zeitpunkt der Herbeiführung des die Schadensersatzforderung auslösenden Umstandes bereits dem konkreten allgemeinen Lebensrisiko ausgesetzt war. Nachdem er sein Haus verlassen und sich in den Straßenverkehr begeben hatte, mußte er ständig mit der Möglichkeit rechnen, von einem anderen Auto angefahren zu werden. Diese solchermaßen bestehende Gefahrenlage hat der Delinquent dann durch sein fahrlässiges Verhalten in eigener Verantwortlichkeit realisiert. Die Verwirklichung des allgemeinen Lebensrisikos erfolgte somit nicht erst im Anschluß an das haftungsbegründende Ereignis — hier die tatbestandsmäßige, rechtswidrige und schuldhafte unerlaubte Handlung des Automobilisten —, sondern beide fielen zusammen.

Mit Hilfe eines Gegenbeispiels soll die dargestellte Argumentation zusätzlich erhellt werden. Der durch die Unaufmerksamkeit eines anderen beim Besuch eines Kaufhauses leicht Verletzte läßt sich im Taxi ins Hospital befördern. Da eine sofortige ärztliche Versorgung nicht notwendig ist, wird die Fahrt mit normaler Geschwindigkeit und unter Einhaltung aller Verkehrsregeln vorgenommen. Aufgrund des Fehlverhaltens eines nicht mehr feststellbaren Dritten kommt es trotzdem zu einem Unfall. Dadurch entstehen dem bereits zuvor Verletzten weitere Nachteile, die er von dem Primärschädiger erstattet verlangt. Der Unterschied zwischen dieser Sachverhaltsgestaltung und der oben erwähnten liegt in der zeitlichen Aufeinanderfolge von haftungsbegründendem Umstand und verwirklichtem allgemeinen Lebensrisiko. In dem zuletzt geschilderten Fall hat die bezüglich des geltend gemachten Ausgleichsanspruchs zur Verantwortung gezogene Person erst durch ihre unerlaubte Handlung bewirkt, daß der später Verunglückte in der konkreten Art und Weise dem Straßenverkehr ausgesetzt wurde. Zwar hätte der Betreffende nach seinem Einkauf ohnehin das Kaufhaus verlassen, darauf kann es jedoch letztlich nicht ankommen. Entscheidend ist allein, daß der haftungsbegründende Umstand gerade die Möglichkeit, während des Transportes ins Hospital das Opfer eines Verkehrsunfalls zu werden, geschaffen hat. Da es sich insoweit jedoch um ein Risiko handelt, das in demselben Maße bei jeder Benutzung eines PKWs besteht — das Taxi fuhr ohne besondere Eile — also üblicherweise mit dem Leben des modernen Menschen verbunden ist, braucht der vom Geschädigten in Anspruch Genommene trotz Vorliegens der sonstigen tatbestandlichen Voraussetzungen der Deliktsnorm, etwa der Kausalität zwischen Primärverletzung und Folgegeschehen, für die aus dem Unfall resultierenden Nachteile keinen Ersatz zu leisten[3].

Von wesentlicher Bedeutung für die Beurteilung des Problems, inwieweit eine Person die mit der Verwirklichung ihres allgemeinen Lebensrisikos verbundenen Vermögenseinbußen selbst tragen muß, ist demnach die Vorfrage, ob der haftungsbegründende Umstand das konkrete Risiko für den Geschädigten erst geschaffen hat, oder ob er ein bereits auf andere Weise zur Entstehung gelangtes selbst realisierte.

II. Fallgruppen

Das Studium der bisher veröffentlichten Stellungnahmen von Rechtsprechung und Lehre zum fraglichen Problemkreis läßt im wesentlichen zwei Hauptgattungen allgemeiner Lebensrisiken erkennen. Während es sich einmal um Gefährdungen handelt, die mit einer bestimmten gerade vom haftungsbegründenden Ereignis veranlaßten Verhaltensweise — aktives Tun oder Unterlassen — des Geschädigten verbunden sind, geht es bei den anderen um solche Möglichkeiten, rechtlich relevante Nachteile zu erleiden, die — unabhängig hiervon — ganz allgemein mit dem menschlichen Leben in den jeweiligen Sozialisations- und Zivilisationsformen verbunden sind. Zu der ersten Gruppe gehören beispielsweise die Verfolgungsfälle[4]. Hier ist die Frage des allgemeinen Lebensrisikos verknüpft mit der Beurteilung einer Verhaltensweise des Opfers, der Nacheile, die sich kausal aus der unerlaubten Handlung ergeben hat. Demgegenüber stellen diejenigen Sachverhaltsgestaltungen, in denen jemand unschuldig angeklagt wird[5], Beispiele für die zweite Gattung dar. Das Risiko, mit den Kosten eines gerichtlichen Verfahrens überzogen zu werden, beruht in der Regel nicht auf einem durch die vorausgegangene Tat veranlaßten Verhalten des Geschädigten, sondern darauf, daß die zur Sicherung der Bürger und des Staates notwendigen Strafverfolgungsbehörden gemäß ihrem gesetzlichen Auftrag bei jeder Kenntnisnahme von einem Delikt eigenverantwortlich tätig werden.

Innerhalb der ersten Gruppe allgemeiner Lebensrisiken sind jene Fallgestaltungen weitgehend eindeutig, in denen der Geschädigte etwas getan bzw. nicht getan hat, was einen „regelmäßigen" Bestandteil der von ihm praktizierten Lebensführung darstellt. Hieraus resultierende Gefahren sind prinzipiell ganz allgemein, d. h. unabhängig vom Eintritt des jeweiligen haftungsbegründenden Umstandes, mit seiner natürlichen Existenz verbunden. Entscheidend für die Bewertung einer Verhaltensweise als regelmäßiges Vorkommnis im Leben einer Person ist nicht das Kriterium der absoluten Häufigkeit, sondern das der relativen Üblichkeit. Es genügt demnach, wenn sich der Betreffende von

---

[3] Larenz, SR I, 362; Heuer, 26; Friese, 166.
[4] Vgl. etwa BGH NJW 1971, 1980; BGH NJW 1971, 1982.
[5] Vgl. z. B. Lange, Gutachten, 51; Friese, 238 f.

Zeit zu Zeit, also nicht notwendigerweise täglich, entsprechend dem gewöhnlichen Ablauf seiner individuellen Lebensführung in gerade der Form zu betätigen pflegt, die auch im konkreten Streitfall den erlittenen Schaden nach sich gezogen hat.

Geht z. B. derjenige, welcher vom Fenster seiner im Obergeschoß gelegenen Wohnung einen Verkehrsunfall beobachtet hat, beim Eintreffen der Polizei in der für ihn gewöhnlichen Art und ohne Hast die Treppe seines Hauses hinunter, um eine Zeugenaussage zu machen, so kann er den an dem Unfall Schuldigen — unabhängig von der Frage einer möglichen Mitverantwortung seinerseits — nicht wegen der Heilungskosten für einen unterwegs erlittenen Beinbruch in Regreß nehmen. Die gewöhnliche Benutzung der Treppe stellt nämlich eine regelmäßig im Leben dieser Person vorkommende Betätigungsform dar. Gefahren, die sich daraus ergeben, sind als allgemeine Lebensrisiken zu qualifizieren. Die gleichen Grundsätze gelten für den Fall der Hausfrau, die im Supermarkt von einem dort arbeitenden Handwerker schuldhaft mit Farbe beschmiert wird und anschließend beim Bügeln ihres inzwischen gewaschenen Kleides wegen eines technischen Defekts im Gerät schwere Verletzungen erleidet. Auch hier ist entscheidend, daß die Frau regelmäßig Wäsche bügelt. Wenn sich nun gerade zufällig im Zusammenhang mit einer unerlaubten Handlung eine bei dieser Tätigkeit stets vorhandene Gefahr realisiert, so muß die betroffene Person den erlittenen Schaden selbst tragen[6].

Weitere Beispiele für diese Untergruppe sind die bereits erwähnten Taxi-[7] und Reifenpannenfälle[8]. Wer sich täglich mit dem Auto in den Straßenverkehr begibt, sei es, daß er selbst am Steuer sitzt, sei es, daß er nur mitfährt, kann von demjenigen, der ihn schuldhaft einer solchen Gefahrenlage ausgesetzt hat, keine Entschädigung verlangen, wenn ein gerade dann sich ereignender Unfall, der in gleicher Weise auch zu einer anderen Zeit möglich wäre, Vermögenseinbußen zur Folge hat. Diese Risiken sind üblicherweise mit dem Leben des modernen Menschen verbunden[9].

---

[6] Friese würde diesen Fall vermutlich ebenso lösen. Er deutet in seiner Arbeit an (S. 169), daß der Haushalt zu den „typischen Bereichen allgemeiner Lebensrisiken" gehöre.
[7] Vgl. oben S. 39.
[8] Vgl. oben S. 25.
[9] So die ganz h. M.; vgl. etwa v. Caemmerer DAR 1970, 288; Lanz, 192; Lange JZ 1976, 206; Huber (JZ 1969, 682) will im Taxifall den Primärschädiger haften lassen, da der Verletzte durch die unerlaubte Handlung *gezwungen* wurde, sich zur sofortigen Unfallversorgung ins Krankenhaus zu begeben. Er sei infolgedessen nicht „Herr seines allgemeinen Lebensrisikos" gewesen (vgl. oben S. 26). Dieser Gedanke der Entscheidungsfreiheit kann jedoch für die Abgrenzung der Gefahrenbereiche keine Bedeutung haben (ebenso Lanz, 193/194). Die Risikoverteilung hat sich allein an den objektiven

Mit derselben Begründung hätten auch zwei schon vor einiger Zeit der Judikatur zur Beurteilung unterbreitete Streitsachen entschieden werden müssen. In dem einen Fall[10] hatte der Veräußerer eines gebrauchten PKWs die Frage des Käufers, ob der Wagen unfallfrei sei, der Wahrheit zuwider bejaht. Der Käufer erlitt dann bei einem von ihm allein verschuldeten und nicht auf den Zustand seines PKWs zurückzuführenden Verkehrsunfall einen Totalschaden. Als er später von der Täuschung erfuhr, berief er sich auf sein Anfechtungsrecht. Fraglich war nun, ob der beklagte Verkäufer den bereits an ihn entrichteten Kaufpreis in voller Höhe zurückerstatten mußte oder ob er für den Verlust seines Wagens Abzüge vornehmen durfte. Bei dem anderen Rechtsstreit[11] ging es um die Schadensersatzforderung eines Autofahrers, der sich nach einem vom Beklagten zu verantwortenden Unfall einen Mietwagen genommen hatte und mit diesem anschließend verunglückt war. In beiden Fällen hatte sich für die Kfz-Führer jeweils nur die Gefahr realisiert, die stets bei Inbetriebnahme eines ihnen noch nicht vertrauten Autos zu gewärtigen ist. Da Vorgänge dieser Art periodisch immer wieder stattfinden — PKWs unterliegen nun einmal natürlichen Abnutzungserscheinungen und müssen zwangsläufig von Zeit zu Zeit ersetzt werden — handelt es sich hierbei um Risikosituationen, die ohnehin im Leben der betroffenen Personen vorkamen, somit also nicht spezifisch auf die Vornahme der unerlaubten Handlung zurückgingen[12].

Auch der, bis auf eine Ausnahme, stets nur unter dem Gesichtspunkt der Normzwecklehre erörterte sog. Kegeljungenfall[13] kann an dieser Stelle eingeordnet werden. Hier hatte ein 13jähriger Junge auf Geheiß seines Arbeitgebers, eines Gastwirts, abends noch nach acht Uhr Kegel aufgestellt, obwohl ein Reichsgesetz die gewerbliche Beschäftigung von Kindern um diese Tageszeit verbot. Er wurde von einer verfrüht geworfenen Kugel getroffen und verletzt. Zu Recht betont Lüer, daß die

---

Gegebenheiten der jeweiligen Lebenssituation (hier: Mitfahren in einem Auto) auszurichten. Daher macht es z. B. auch keinen Unterschied, ob der durch die vorangegangene unerlaubte Handlung Verletzte während des Transportes zum Krankenhaus ohnmächtig oder bei Bewußtsein war.

[10] BGHZ 57, 137.
[11] LG Berlin VersR 1955, 365.
[12] Im Ergebnis ebenso: v. Caemmerer, Festschr. Larenz, 642; Friese, 166; Gotzler, 102 Fußn. 32. Die zur Entscheidung der genannten Rechtsstreite angerufenen Gerichte haben sich beide in ihrer Urteilsfindung nicht vom Gedanken des allgemeinen Lebensrisikos leiten lassen. Während das LG Berlin die Abweisung der Klage des verunglückten Mietwagenfahrers mit dem Gesichtspunkt der „Unterbrechung des Kausalzusammenhangs" begründete, hat der BGH, wenig überzeugend, dem Begehren des arglistig getäuschten Kfz-Kunden auf vollständige Rückzahlung des von ihm entrichteten Kaufpreises aufgrund des besonderen Schutzbereichs der §§ 823 II BGB, 263 StGB, 826 BGB stattgegeben.
[13] LG Hannover Recht 1910, 36.

unerlaubte Handlung des Gastwirtes zwar einerseits den Anlaß für die erlittene körperliche Beeinträchtigung des Jungen darstellte, daß sich dabei jedoch andererseits nur das allgemeine Risiko verwirklicht habe, welches immer mit dem Aufstellen der Kegel verbunden war[14].

Eine differenzierte Betrachtung verdienen die Fälle, in denen das vom haftungsbegründenden Ereignis vermittelte Verhalten des Geschädigten nicht als regelmäßiger Bestandteil seiner Lebensführung anzusehen ist. Darunter fallen vor allem solche Betätigungen, die von ihm bisher überhaupt noch nicht vorgenommen wurden. Allein die Tatsache, daß jemand durch eine unerlaubte Handlung zu einem für ihn neuen Verhalten veranlaßt wird, kann jedoch kaum ausschlaggebend für die Abgrenzung zwischen allgemeinem Lebensrisiko und spezifischer Deliktsgefahr sein. Ansonsten müßte etwa die Entscheidung in dem Beispiel der Verfolgung über den feuchten, frisch geschnittenen Rasen[15] verschieden ausfallen, je nach dem ob es sich bei dieser Aktion um die erste Amtshandlung eines gerade eben vom Innen- zum Außendienst versetzten Polizisten gehandelt hat oder ob der nacheilende Beamte schon öfters derartigen Situationen ausgesetzt war[16].

Grundlage für die Herausarbeitung allgemeiner Lebensrisiken muß auch bei der vorstehenden Untergruppe die Frage sein, ob die vom Nachteil betroffene Person den mit einer bestimmten Verhaltensweise verbundenen Gefahren unabhängig von dem Eintritt des haftungsrelevanten Umstandes üblicherweise (latent) ausgesetzt war. Dieses Erfordernis ist dann erfüllt, wenn der Geschädigte sich auch ohne Vermittlung des Ereignisses, an welches für die Frage des Ausgleichsanspruchs angeknüpft wird, aus freien Stücken in eine derartige Situation, wie sie dem konkreten Schadensfall zugrunde lag, hineinbegeben hätte. Die Möglichkeit, sich so zu verhalten, muß für ihn also jederzeit, d. h. nicht nur in besonderen Notlagen, bestanden haben. Daß der Geschädigte solche Betätigungsformen seither nicht regelmäßig vorgenommen hat, kann beispielsweise in einem Mangel an Gelegenheit begründet liegen oder aber darin, daß er bislang noch gar nicht auf die Idee gekommen ist, in der konkreten Art und Weise Aktivitäten zu entwickeln.

Zu den Verhaltensweisen, die eine Person auch ohne den bestimmenden Einfluß des haftungsrelevanten Umstandes jederzeit vornehmen würde, gehören in erster Linie solche Arten von Handlungen und Unterlassungen, bei denen entweder die Gefährdungsschwelle ganz niedrig liegt oder aber der mit ihnen verbundene Nutzen das gleichzeitig enthaltene erhöhte Schädigungspotential deutlich übersteigt. Muß

---

[14] Lüer, 125.
[15] BGH NJW 1971, 1982; vgl. oben S. 17.
[16] Richtigerweise hat der BGH für die Urteilsfindung in der zitierten Streitsache auf eine diesbezügliche Klärung verzichtet.

z. B. der von einer anderen Person schuldhaft Verletzte aufgrund besonderer Umstände mit einem Flugzeug ins Krankenhaus transportiert werden und verunglückt er dabei, so stellt sich für den Fall, daß der Betreffende dieses Verkehrsmittel seither nie benutzt hat, die Frage, ob der Vorteil des Fliegens — schnelle Überbrückung großer Entfernungen — gegenüber der Gefahr, eventuell abzustürzen oder sonstige Nachteile zu erleiden, dermaßen überwiegt, daß sich der Geschädigte bei entsprechender Gelegenheit, z. B. günstigem preislichen Angebot, auch einmal auf solche Art und Weise fortbewegen würde. Oder geht man etwa im Turnstundenfall[17] davon aus, daß die verunglückte Schülerin in ihrer Freizeit bislang lieber mit Puppen gespielt hat als Streckhänge auszuführen, diese Übung demnach nicht zu den regelmäßigen Bestandteilen ihrer gewöhnlichen Lebensführung zählte, so hängt die Bewertung der eingetretenen Verletzung als Realisierung eines allgemeinen Lebensrisikos zunächst einmal davon ab, ob die Vornahme derartiger Betätigungen wegen ihrer geringen Gefährdungsintensität für das Mädchen jederzeit im Bereich des Möglichen gelegen hat, es hierzu also etwa nur eines Anstoßes anderer Spielkameraden oder einer eigenen Idee bedurft hätte. Alle Schadensmöglichkeiten, die mit Verhaltensweisen korrelieren, die durch ein günstiges Nutzen—Risikoverhältnis oder eine nahezu völlige Gefahrlosigkeit gekennzeichnet sind, gehören, auch wenn die Betreffenden seither noch nicht in dieser Richtung tätig geworden sind, zu den üblicherweise mit der Existenz dieser Personen verbundenen Risiken. Sie sind in ihrem Leben latent vorhanden. Es handelt sich dagegen nicht um solche, die erst infolge des haftungserheblichen Umstandes neu geschaffen wurden.

Für die Lösung dieser Fallgruppe stellt sich nun die entscheidende Frage, welche Instanz bewerten soll, wann ein Handeln oder Unterlassen so ungefährlich bzw. von solchem Vorteil ist, daß es zu den Verhaltensweisen gerechnet werden muß, die eine Person auch ohne Veranlassung durch das haftungsrelevante Ereignis vornehmen würde. Kommt es hierfür auf die Sicht des Geschädigten an, oder ist die Verkehrsauffassung eines noch näher zu bestimmenden Kollektivs maßgebend? Zur Illustration der angesprochenen Problematik möge nachstehender Fall dienen[18]: Infolge Vertragsverletzung der Reederei hatte sich die Abfahrt eines Schleppzuges verzögert. Als die Schiffe am nächsten Tag ausliefen, erlitten sie durch einen unerwartet auftretenden Sturm schwere Schäden. Während zum ursprünglich geplanten Termin strahlender Sonnenschein herrschte, war das Wetter einen Tag später wesentlich unsicherer. Der Kapitän des Schleppzuges, ein übervorsichtiger Mann, lief nur deswegen aus, weil eine weitere Verzögerung der

---
[17] BGH NJW 1967, 621; vgl. oben S. 14.
[18] RGZ 81, 259 (leicht abgewandelt).

Abfahrt unwiederbringliche Verluste für sein Unternehmen nach sich gezogen hätte. Hier veranlaßte der haftungsbegründende Umstand, die Vertragsverletzung, ein Handeln des Geschädigten, das jener normalerweise nicht vorzunehmen pflegte. Geht man nunmehr davon aus, daß nach der allgemeinen Verkehrsanschauung der entsprechenden Schiffahrtskreise eine derartige Ausgangswetterlage als nur wenig gefährlich angesehen wird, die übrigen Kapitäne sich durch solche äußeren Bedingungen also nicht vom Auslaufen abhalten lassen würden, so muß hinsichtlich der Ausfüllung des Merkmals „allgemeines Lebensrisiko" entschieden werden, ob hierfür eine individuelle oder eine generelle Betrachtungsweise maßgebend ist. Indem Friese im Seeschlepperfall eine „soziale Wertung" dahingehend vornehmen will, inwieweit die durch das schlechtere Wetter erhöhte Gefährdung von dem Kollektiv der Schiffer auch als solche empfunden wird, räumt er der letzteren Vorrang ein[19]. Den entgegengesetzten Standpunkt vertritt Kramer, der dem Sonderverhalten des Außenseiters rechtliche Bedeutung beimißt[20]. Er veranschaulicht seine Auffassung am Beispiel des Taxifalls[21]. Der Zusammenstoß während des Transportes zum Krankenhaus soll dann nicht als Verwirklichung eines allgemeinen Lebensrisikos des Verunglückten zu werten sein, wenn dieser „ein prinzipieller Antiautomobilist" war, der bewußt den Gefahren des Straßenverkehrs auszuweichen versuchte. Auch hier ist Friese anderer Meinung[22]. Es sei unerheblich, ob der Geschädigte sich aus Ängstlichkeit sonst niemals einem Kraftfahrzeug anvertraut hätte, denn die „Gleichwertigkeit" aller üblichen Verkehrsmittel und jeder Teilnahme am Verkehr verbiete nach sozialer Auffassung eine Differenzierung unter diesem Gesichtspunkt.

Zunächst wird bei dem Lösungsversuch der geschilderten Beispiele der Hinweis erforderlich, daß einer sorgfältigen Abwägung der verschiedenen Interessen nicht mit dem Argument begegnet werden kann, die Fälle des Außenseitertums seien meistens konstruiert und könnten daher getrost vernachlässigt werden. In einer Gesellschaft, in der es grundsätzlich gestattet ist, so lange seinen höchstpersönlichen Vorstellungen nach zu leben, wie damit nicht gleichzeitig auch der Nachbar in Mitleidenschaft gezogen wird, existieren mannigfaltige Formen von Sonderverhalten, die gerade im Bereich der Rechtsordnung eine gebührende Beachtung verdienen.

Für die Beantwortung der Frage, ob bei der Beurteilung einer im Leben des Geschädigten nicht regelmäßig vorkommenden Verhaltensweise als nahezu ungefährlich bzw. überwiegend nützlich die Vorstel-

---
[19] Friese, 155.
[20] Kramer JZ 1976, 344.
[21] Vgl. oben S. 39.
[22] Friese, 167.

lung der vom Nachteil betroffenen Person oder die Auffassung des jeweils relevanten Kollektivs ausschlaggebend ist, kommt es entscheidend darauf an, inwieweit die Bedürfnisse des privaten Rechtsverkehrs notwendigerweise eine durchschnittliche Lebensführung des einzelnen Rechtsgenossen erfordern. Im BGB wird ein solcher verobjektivierter Verhaltensstandard vor allem für das Kriterium des Verschuldens verlangt[23]. Dort ist diejenige Sorgfalt Maßstab der Zurechnung, die von einem normal veranlagten, vernünftigen Menschen seines Berufs, Alters und Bildungsgrads erwartet werden konnte[24]. Dem liegt der Gedanke zugrunde, daß es im Zivilrecht nicht um die individualistische, sondern um die sozialkommunikative Existenz des einzelnen geht[25]. Die Handlung einer Person wird stets in ihrer Relation zu den anderen Mitgliedern der Gemeinschaft gewertet, sie ist „eine Erscheinung des zwischenmenschlichen Bereichs"[26], wobei es jeweils gilt, einen möglichst gerechten Ausgleich zwischen den im konkreten Einzelfall tangierten Interessensphären herzustellen. Zu jenem Zweck hat das Bürgerliche Gesetzbuch im Bereich des Verschuldens auf das Merkmal der Verkehrserforderlichkeit abgestellt[27]. Damit soll dem Vertrauen, das jedermann in die Kompetenz und Sorgfalt seines Mitmenschen setzt, Rechnung getragen werden. Dieser Grundsatz, der eine besondere Art von Gewährleistung für das eigene Verhalten statuiert[28], hat im Zivilrecht übergeordnete Bedeutung. Auf die vorliegende Problematik angewendet enthält er den allgemeinen Gesichtspunkt des Vertrauens der Rechtsgenossen untereinander auf ein Normalverhalten im Sozialleben. Zeuner[29] hat hervorgehoben, daß die Menschen in einem „Begegnungsverhältnis" stünden, welches geprägt sei, von der Rollenerwartung, die jeder einzelne vom anderen habe. Im privaten Rechtsverkehr müßten individuelle Abweichungen grundsätzlich auf Kosten desjenigen gehen, der sich vom Normalstandard einer durchschnittlichen Lebensführung entferne[30].

Die angestellten Überlegungen beanspruchen auch für die Vorstellung vom allgemeinen Lebensrisiko Geltung. Im Hinblick auf das Erforder-

---

[23] Deutlichen Ausdruck findet dies in der Vokabel von der „typisierten Fahrlässigkeit" (vgl. Kötz, Deliktsrecht, 64; Esser / Schmidt, SR I, TBd. 2, 36; Palandt / Heinrichs § 276, Rdz. 4).

[24] Vgl. BGHZ 39, 283; BGH NJW 1972, 151; umfassend: Deutsch, Fahrlässigkeit, 33 ff.

[25] Kramer AcP 171, 429; Deutsch JZ 1968, 104.

[26] Zeuner JZ 1966, 5.

[27] Vgl. § 276 I 2 BGB.

[28] Deutsch JZ 1968, 104.

[29] Zeuner JZ 1966, 8.

[30] Zur inneren Rechtfertigung dafür, daß es in der Regel nicht unbillig ist, die Entlastung einer Person wegen ihrer hinter dem Gruppenniveau zurückbleibenden Ichbeschaffenheit zu verweigern vgl. Deutsch, Fahrlässigkeit, 35, 305.

nis einer gerechten Abgrenzung sozialer Interessensphären kann es keinen Unterschied machen, ob der im Taxifall Verletzte das Autofahren als Teufelswerk ansieht und aus diesem Grunde sonst stets zu Fuß geht oder ob es sich bei dieser Person um einen leidenschaftlichen Anhänger des Motorsports handelt. In jeder Sachverhaltsgestaltung hat sich für den Betreffenden ein allgemeines Lebensrisiko verwirklicht. Genauso muß im Seeschlepperfall der übervorsichtige Kapitän die Folgen seines vom Durchschnitt der Berufskollegen abweichenden Rollenverhaltens selbst tragen. Für die Frage, ob ein Auslaufen bei der gegebenen Wetterlage unter Berücksichtigung des Verhältnisses von Nutzen und Gefahr einer solchen Verhaltensweise auch ohne das haftungsbegründende Ereignis vorgenommen wird, ist allein die Verkehrsauffassung des Kollektivs der Schiffer maßgebend. Daß nicht nur der potentiell Verletzte, sondern in gleicher Weise der in Anspruch genommene Schädiger auf ein soziales Normalverhalten der ihm gegenübertretenden Person vertrauen darf, entspricht den fundamentalen Bedürfnissen des rechtsgeschäftlichen und allgemeinen Verkehrs, dessen Erwartungen und Risiken notwendigerweise auf Durchschnittswerte angelegt sein müssen, um — von beiden Seiten aus — kalkulierbar zu sein.

„Kollektive Betrachtungsweise" des Problems, wann eine bestimmte Betätigungsform unabhängig von dem Ereignis, an das für die Haftung angeknüpft wird, üblicherweise mit dem Leben eines Menschen verbunden ist, bedeutet, wie bereits aus den dargestellten Beispielen zu erkennen war, nicht, daß bei der vorzunehmenden Bewertung stets die Verkehrsauffassung der gesamten Rechtsgemeinschaft als Maßstab anzulegen ist. Vielmehr sind hierfür in der Regel nur die Auffassungen bestimmter nach der konkreten Art der Gefährdung festzulegender Personengruppen relevant; z. B. alle Staatsbürger, alle Nutznießer bestimmter Einrichtungen unserer modernen hochentwickelten Zivilisation (Teilnehmer am allgemeinen Straßenverkehr, Massenkonsumenten, Benutzer komplizierter technischer Geräte, Adressaten der vorhandenen Informationsmedien usw.), alle Angehörigen einer sozial abgrenzbaren Personengruppe (Anlieger einer Straße, Ausübende einer bestimmten Sportart, Mitglieder einzelner Berufssparten usw.). Entscheidend muß stets sein, welche Eigenschaften des Betreffenden für den Schadenseintritt wichtig sind[31]. So versteht sich von selbst, daß im Taxifall ohne Belang ist, ob der Verletzte als Maler oder als Buchhalter tätig ist, und im Seeschlepperfall kann sicherlich unberücksichtigt bleiben, welcher Sportart der Kapitän in seiner Freizeit nachgeht. Andererseits wird es jedoch z. B. bei der Nacheile über die Toilettentür[32] wesentlich darauf

---

[31] Es kommen im Prinzip also dieselben Grundsätze zur Anwendung wie bei der Fahrlässigkeitsbeurteilung.
[32] OLG Düsseldorf MDR 1974, 490; vgl. oben S. 19.

ankommen, ob der Verfolgende ein Polizeibeamter ist oder ein prothesenbehinderter Lehrer.

Für die Frage nach dem relevanten Kollektiv ist noch eine Überlegung von Bedeutung. Es muß stets auf die Verkehrsanschauung derjenigen Gruppe abgestellt werden, welcher sich der Betroffene nach seiner subjektiven Überzeugung als zugehörig erachtet. Dieser Grundsatz hat in erster Linie Geltung für Personen, die in irgendeiner Hinsicht schadensanfällig sind. So ist z. B. der Bluter, der nichts von seiner Krankheit weiß, allein am Lebensstil eines Gesunden zu messen. Wird er, etwa durch eine unerlaubte Handlung, zu einem Verhalten veranlaßt, das zwar vom Kollektiv der Bluter nicht aber von dem der normal veranlagten Menschen als so gefährlich angesehen wird, daß die Betreffenden ohne Eintritt des haftungsbegründenden Umstandes keine derartigen Aktivitäten entfalten würden, so muß er, obwohl objektiv einer Gruppe zugehörig, für die in solchem Falle ein spezifisches Deliktsrisiko anzunehmen wäre, den Schaden selbst tragen. Der Grund hierfür liegt in der Tatsache, daß sich Art und Zahl der Möglichkeiten, einen rechtlich relevanten Nachteil zu erleiden, welche auch ohne das haftungsbegründende Ereignis üblicherweise mit der Existenz eines Menschen verbunden sind, nach der persönlichen Lebensführung der jeweils betroffenen Person bestimmen und diese ihr Verhalten naturgemäß nach den Umständen einrichtet, die ihr bekannt sind.

Handelt es sich um Schadensmöglichkeiten, die aus solchen Verhaltensweisen resultieren, wie sie vorstehend geschildert wurden, d. h. die im Leben der betreffenden Person auch ohne das haftungsrelevante Ereignis entweder regelmäßig vorkommen oder jederzeit vorkommen können, so stellen jene Gefahren trotzdem dann kein allgemeines Lebensrisiko dar, wenn der jeweilige Erfolgseintritt nur auf die Mitwirkung besonderer, im Normalfall nicht vorhandener Begleitumstände zurückzuführen ist[33]. Diese Feststellung kann am geeignetsten mit Hilfe der Sachverhalte verdeutlicht werden, in denen jemand während der Verfolgung einer anderen Person verunglückt. So hat sich etwa für die Polizisten, die einem motorisiert flüchtenden Gewaltverbrecher mit Höchstgeschwindigkeit nacheilen, kein „allgemeines" sondern ein „gesteigertes" Risiko verwirklicht, wenn sie in einer Kurve von der Straße abkommen und sich dabei verletzen[34]. Zwar stellt das Fahren im Streifenwagen eine regelmäßig mit ihrem Beruf verbundene Verhaltensweise dar, der eingetretene Schaden folgte jedoch aus der Tatsache, daß

---

[33] BGH NJW 1971, 1981; Deutsch JZ 1967, 642.

[34] Eine andere Frage ist allerdings, ob die Polizisten deswegen ihren Schaden selbst tragen müssen, weil das Verhältnis zwischen Nutzen und Risiko der Verfolgung nicht in Einklang mit der von ihnen praktizierten Fahrweise steht. Hierauf ist noch an späterer Stelle einzugehen; vgl. unten S. 103 f.

sich die Beamten wesentlich schneller fortbewegen mußten als dies üblicherweise bei ihnen zu geschehen pflegte. In dem vom BGH geschilderten Reifenpannenfall dagegen ereignete sich der Unfall im Zuge einer Betätigung, wie sie in gleicher Weise auch sonst vorgenommen wird[35].

Auf der Grenze steht wohl der bereits erwähnte Rasenfall[36]. Der BGH hat es sich zu einfach gemacht, wenn er ohne nähere Begründung feststellt, daß die Verfolgung über einen feuchten, frisch geschnittenen Rasen im Gegensatz zu derjenigen, welche eine steile Bahnhofstreppe hinabführt[37], als normales Risiko anzusehen ist. Das rasche Laufen über derartig beschaffene Grünflächen kann zwar für sportlich trainierte Menschen, als solche sind Polizeibeamte anzusehen, in der Regel zu den Verhaltensweisen gerechnet werden, die auch ohne Veranlassung durch eine unerlaubte Handlung jederzeit vorgenommen würden, etwa anläßlich des Spielens mit Kindern, hier war jedoch näher zu prüfen, ob nicht die besonderen Umstände der Verfolgung, also das Bemühen, mit dem Fliehenden gleichauf zu bleiben, und die damit verbundene Außerachtlassung von Art und Beschaffenheit des gerade überquerten Untergrundes, zur Verbuchung des eingetretenen Schadens im „spezifischen" Deliktsrisiko nötigten[38].

Variiert man den Fall, in dem jemand beim Besuch eines Kaufhauses leicht verletzt wurde und anschließend mit dem Taxi zum Krankenhaus fuhr, dahingehend, daß der Transport ins Hospital wegen akuter Lebensgefahr des Betreffenden eine stark überhöhte Geschwindigkeit erforderlich machte und es infolgedessen zur Kollision mit anderen Verkehrsteilnehmern kam, so gewinnt man ein weiteres anschauliches Beispiel für den Unterschied zwischen „allgemeinen" und „gesteigerten" Risiken[39]. Dabei fällt auf, daß in dieser Sachverhaltsgestaltung, ebenso wie bereits in den Verfolgungsfällen, die besonderen, im Normalfall nicht vorhandenen Begleitumstände gerade durch das haftungsbegründende Ereignis heraufbeschworen wurden. Die beschleunigte Fahrweise des Taxichauffeurs ging nämlich kausal auf die ihrerseits von der unerlaubten Handlung des Primärschädigers herrührende schwere Verletzung des Verunglückten zurück. Eine solche Ursachenkette ist jedoch nicht zwingend. Um die Verwirklichung „gesteigerter" Deliktsrisiken

---

[35] BGH NJW 1975, 169; vgl. oben S. 20.
[36] BGH NJW 1971, 1982; vgl. oben S. 17.
[37] BGH NJW 1971, 1980; vgl. oben S. 17.
[38] Aus den mangelhaften Feststellungen des BGH zu diesem Punkt erklärt sich möglicherweise auch ein Großteil des Unbehagens, das Teile der Lehre im Hinblick auf die Entscheidung des Rasenfalles verspüren; vgl. etwa Comes NJW 1972, 2023; Erman/Sirp § 249 Rdz. 40; sowie neuerdings Goergens JuS 1977, 713.
[39] Vgl. Larenz SR I, 362; Friese, 166 f.

kann es sich vielmehr auch dann handeln, wenn die den Erfolgseintritt bewirkenden speziellen Begleitumstände das Ergebnis natürlicher oder sonstiger Umwelteinflüsse sind. So läge es beispielsweise im Seeschlepperfall[40], wenn am nächsten Tag ein derart schlechtes Ausgangswetter herrschte, daß auch den anderen Kapitänen ein Verlassen des Hafens normalerweise zu gefährlich erschiene.

In diesem Zusammenhang ist allerdings auf einen wesentlichen Gesichtspunkt hinzuweisen. Widrigkeiten der Natur sind nicht exakt vorausberechenbar. Sie vermögen das Verhalten einer Person grundsätzlich nur dann zu beeinflussen, wenn sie entweder bereits bei der geplanten Vornahme einer bestimmten Tätigkeit wirken oder aber ihr Eintritt wenigstens mit einem hinlänglichen Grad von Wahrscheinlichkeit zu erwarten ist. Dort, wo der Mensch auch sonst das Risiko eingeht, von etwaigen Unbilden der Witterung betroffen zu werden, kann er entstandene Schäden nicht mit dem Hinweis darauf ersetzt verlangen, daß er gerade infolge einer unerlaubten Handlung oder eines sonstigen haftungsbegründenden Umstandes in diese Gefahrenlage gekommen ist. Hierzu sei folgender Fall angeführt[41]: An einem regnerischen Winternachmittag ereignete sich ein Zusammenstoß zwischen zwei PKWs, weil einer der beteiligten Kfz-Lenker schuldhaft ein Verkehrsschild nicht beachtet hatte. Da nur leichter Sachschaden entstanden war, konnten beide Wagen nach längerem Aufenthalt — die Polizei ermittelte zunächst den Unfallhergang — ihre Fahrt fortsetzen. In der mittlerweile eingetretenen abendlichen Kälte bildete sich Glatteis. Dadurch erlitt der für die Kollision nicht Verantwortliche einen weiteren Schaden an seinem PKW. Ohne die mit jenem Zusammenstoß aufgetretene Verzögerung hätte der Betreffende noch vor Einsetzen des Frostes sein Reiseziel erreicht. Auch hier ist dem haftungsbegründenden Ereignis das Handeln einer Person nachgefolgt — Autofahren —, welches normalerweise unter weniger gefährlichen Umständen — nicht auf glatter Straße — stattzufinden pflegt. Das Risiko, durch plötzlich auftretendes Überfrieren einen Unfall zu erleiden, gehört jedoch nun einmal zwangsläufig zu jeder winterlichen Verkehrsteilnahme. Wer zu dieser Jahreszeit mit dem Kfz unterwegs ist, muß mit solchen Möglichkeiten rechnen. Da man auch ohne eine vorhergehende unerlaubte Handlung stets aufgehalten werden kann, beispielsweise wegen einer Reifenpanne, sind derartige Gefahren üblicherweise mit dem Leben der Autofahrer verbunden. Insoweit liegen keine durch den haftungsbegründenden Umstand „gesteigerten" Risiken vor. Der Verunglückte muß seinen Schaden selbst tragen[42].

---

[40] Vgl. oben S. 44.
[41] Nach Medicus, Schuldverhältnisse, 80.
[42] Im Ergebnis ebenso Medicus, Schuldverhältnisse, 81; Friese, 165.

B. Vertiefung

Allgemeine Lebensrisiken können auch unabhängig davon bestehen, ob der eingetretene Erfolg Ausfluß einer durch den haftungsbegründenden Umstand veranlaßten Verhaltensweise ist. Es handelt sich hierbei um Gefährdungen, die das menschliche Zusammenleben in der modernen Zivilisation regelmäßig und auch bei gewöhnlichem Gang der Dinge letztlich notwendigerweise mit sich bringt[43]. Sie ergeben sich aus der natürlichen, durch Geburt erworbenen Abhängigkeit des Individuums von den sozialen Verflechtungen des gesamtgesellschaftlichen Gefüges[44].

Auch bei dieser Untergruppe ist als maßgebliches Kriterium für die Abgrenzung der verschiedenen Gefahrenkreise festzustellen, ob der erlittene Nachteil die Verwirklichung einer der Schadensmöglichkeiten darstellt, die ohnehin mit der Existenz des jeweils betroffenen Menschen verbunden sind. So ist etwa das Risiko, unschuldig in ein strafrechtliches Verfahren verwickelt zu werden, ein allgemeiner, stets gegenwärtiger Bestandteil des Lebens in einer staatlichen Ordnung[45]. Hiermit muß der einzelne selbst dann rechnen, wenn kein haftungsbegründendes Ereignis dem Tätigwerden der zuständigen Behörden vorausgegangen ist[46]. Anlaß für Ermittlungen der Polizei oder Staatsanwaltschaft können nämlich auch solche Umstände sein, für die überhaupt niemand die Verantwortung trägt. Das Risiko, irrtümlich angeklagt und verurteilt zu werden, stellt insoweit eine notwendige Kehrseite des Rechtsstaats dar, der durch seine Organe von Amts wegen bei jedem konkreten Verdacht Aufklärungsarbeiten leisten muß[47].

Der Grundsatz, daß die Gefahr, in ein Strafverfahren verwickelt zu werden, als allgemeines Lebensrisiko anzusehen ist, erfährt allerdings dann eine Durchbrechung, wenn sich durch zusätzliche Umstände oder die besondere Art der unerlaubten Handlung Verdachtsmomente gezielt gegen den Geschädigten richten, so etwa wenn jemand eine andere Person fälschlicherweise anschuldigt[48]. In diesem Fall wird für den Betreffenden ein Risiko heraufbeschworen, das in seinem Leben üblicherweise, d. h. ohne das haftungsrelevante Ereignis, nicht vorhanden ist.

Die Möglichkeit, Opfer behördlicher bzw. gerichtlicher Ermittlungen zu werden, ist hier „gesteigert". Ähnliches gilt auch für die vom BGH beurteilte Streitsache des Motorradfahrers, der im Anschluß an einen von ihm nicht verschuldeten Unfall mit einem Strafverfahren überzogen wurde[49]. Der Straßenverkehr gehört zwar zu den Lebensberei-

---

[43] Vgl. Lange JZ 1976, 206.
[44] Vgl. Huber, Festschr. Wahl, 323.
[45] Vgl. Lange, Gutachten, 51.
[46] Friese, 243.
[47] Friese, 242.
[48] Vgl. Friese, 244; Lange, Gutachten, 51; Larenz, Diskussionsbeitrag, C 52.
[49] BGHZ 27, 137; vgl. oben S. 13.

chen, die wegen ihres erheblichen Schadenspotentials einer verstärkten Überwachung durch staatliche Organe ausgesetzt sind, so daß die Möglichkeit, auch einmal unberechtigt in Anspruch genommen zu werden, dort schon von vornherein eher gegeben ist als auf anderen Gebieten menschlicher Betätigung, das allgemeine Risiko, strafverfolgt zu werden, ist jedoch durch den Unfall merklich erhöht worden. Die infolge der Kollision entstandenen Verdachtsmomente richteten sich nämlich nicht gleichmäßig gegen alle Verkehrsteilnehmer, sondern sofort gezielt auf die im unmittelbaren Wirkungsbereich des Unfalls angetroffenen und von der Polizei festgestellten Personen. Erst das Fehlverhalten des Schädigers lenkte somit die Aufmerksamkeit der Polizei konkret auch auf den Motorradfahrer und setzte ihn damit der gesteigerten Gefahr aus, unschuldig angeklagt zu werden. Bei vorhandenem Kausalzusammenhang zwischen Verletzung und Schaden[50] hätte dessen Klage demnach Erfolg haben müssen.

Die für die Praxis bedeutsamste und zugleich am schwierigsten zu vereinheitlichende Untergruppe allgemeiner Lebensrisiken tritt in solchen Fällen in Erscheinung, in denen der Erfolg auf physischen oder psychischen Schadenspraedisponiertheiten beruht. Bisher hat die h. M. bei körperlicher Anfälligkeit des Verletzten (Bluterkrankheit, abnorm dünner Schädeldecke, schwerem Herzleiden usw.) — auch für außergewöhnliche Folgen — meist ungeschmälerten Ersatz gewährt[51]. Im Falle geistig-seelischer Labilitäten war sie dagegen mit der Zuerkennung von Ausgleichsansprüchen wesentlich zurückhaltender[52]. Es kann nun nicht das Anliegen dieser Studie sein, eine umfassende Darstellung und Lösung der hierbei auftretenden Probleme zu geben. Schon der Versuch, allein den Bereich der Fernwirkungsschäden näher zu beleuchten, würde den Rahmen der in dieser Arbeit notwendigen Sachbehandlung überschreiten. Es soll daher genügen, die grundsätzliche Bedeutung der Vorstellung vom allgemeinen Lebensrisiko auch für eine interessengerechtere Behandlung derjenigen Fälle kenntlich zu machen, in denen eine Person wegen anlagebedingter Schadensdisponiertheit rechtlich relevante Nachteile erlitten hat.

---

[50] Im Falle BGHZ 27, 137 war dieses Erfordernis nach den Feststellungen des Gerichts nicht erfüllt; vgl. oben S. 13.

[51] BGH VersR 1966, 737; BGH VersR 1968, 804; OLG Karlsruhe VersR 1966, 741; v. Caemmerer DAR 1970, 292.

[52] Schockschäden Dritter sollen nur dann rechtliche Beachtung finden, wenn zwischen diesen Personen und den Verunglückten ein nahes Angehörigenverhältnis besteht (BGHZ 56, 170; OLG Freiburg VersR 1953, 322; LG Stuttgart VersR 1973, 648; v. Hippel NJW 1965, 1890; Palandt /Heinrichs v. § 249 Rdz. 5 c dd; Weimar 179). Den Forderungen der sog. Rentenneurotiker wird mit dem Argument begegnet, daß es grundsätzlich in deren eigenem wohlverstandenen Interesse liege, wenn die Rechtsordnung auf ihre Begehrensvorstellungen negativ reagiere (BGHZ 20, 142; Palandt / Heinrichs v. § 249 Rdz. 5 d cc).

B. Vertiefung

Schon 1937 legte sich das RG[53] auf den später vom BGH übernommenen[54] Grundsatz fest: „Wer unerlaubt gegen einen gesundheitlich anfälligen Menschen handelt, hat kein Recht darauf, so gestellt zu werden, als ob er einen völlig gesunden Menschen verletzt habe." Dieser Gedanke, der sinngemäß auch in einer oft zitierten[55] Formel der englischen und amerikanischen Judikatur zum Ausdruck kommt: „a tortfeasor must take his victim as he finds him", spiegelt das Bemühen einer auf Sozialstaatlichkeit verpflichteten Rechtsordnung wider, die körperlich und geistig schwächsten Mitglieder der Gesellschaft nicht schutzlos den ständig wachsenden Anforderungen zeitgemäßer Lebensformen preiszugeben. Er verdeutlicht eine Grenze, jenseits der sich kein Delinquent mit Erfolg darauf berufen kann, dem Geschädigten sei im konkreten Fall ein Mangel an passiver Verkehrstüchtigkeit vorzuwerfen. Lediglich im Bereich des Versicherungswesens gelten andere Beurteilungsprinzipien[56]. Hier wird, entsprechend der besonderen Funktion dieses Rechtszweiges, eine bereits vorhandene konstitutionelle Anlage als „wesentliche" Entstehungsursache des erlittenen Nachteils angesehen. Der Betreffende erhält seine Vermögenseinbußen dann nicht ersetzt.

Die Auffassung, nach der es für die Erfolgszuordnung im Zivilrecht grundsätzlich unbeachtlich ist, ob das Opfer gesund oder anlagebedingt geschwächt war[57], kann nicht ausschließen, daß der Verletzte in bestimmten Fällen den aus seiner Praedisponiertheit entstandenen Schaden selbst tragen muß. Diese Erkenntnis hängt unmittelbar mit dem vorliegend untersuchten Problemkreis zusammen. Auch der körperlich oder seelisch Anfällige trägt nämlich ein allgemeines Lebensrisiko, da er, genauso wie der Gesunde, in der täglichen Begegnung mit seiner Umwelt zahlreichen Gefahren ausgesetzt ist, die ihm unabhängig von solchen Geschehnissen Nachteile bringen können, für die einer anderen Person die rechtliche Verantwortung zufällt. Seine gegenüber dem normal Veranlagten besondere Situation besteht nun darin, daß ihm bereits solche Einwirkungen auf die Physis oder Psyche bedrohlich werden, die lediglich eine geringe Intensität aufweisen. Er ist demnach vielfältigeren üblicherweise mit seinem Leben verbundenen Risiken ausgesetzt als der Gesunde. Diesen Umstand muß er jedoch zunächst einmal als sein persönliches Schicksal hinnehmen. Die soziale Funktion des Schadensersatzrechts stößt hier an eine Grenze[58].

---

[53] RGZ 155, 41.
[54] BGHZ 20, 137; BGH VersR 1966, 737.
[55] v. Caemmerer DAR 1970, 284; Stoll, Festschr. Dölle I 388; Friese, 172.
[56] Vgl. Gitter, 113.
[57] Zu den Unterschieden im Bereich der Schadensberechnung vgl. Palandt / Heinrichs v. § 249, Rdz. 5 f. aa; Erman / Sirp § 249, Rdz. 45.
[58] Vgl. Lange JZ 1976, 207; inwieweit dem Betroffenen anderweitig geholfen werden kann, hängt von der qualitativen Ausgestaltung, d. h. der Eng-

Für den Bereich der körperlichen Anfälligkeit läßt sich das vorstehend Ausgeführte besonders gut anhand eines Sachverhalts verdeutlichen, der dem OLG Karlsruhe 1966 zur Entscheidung unterbreitet wurde[59]. In einem Kaufhaus war der Beklagte dem Kläger, der an schweren arteriellen Durchblutungsstörungen in beiden Beinen litt, aus Versehen auf den Fuß getreten. Es entstand weder eine Wunde noch eine Knochen- oder Knochenhautverletzung. Trotzdem mußte nach einiger Zeit das Bein des Klägers amputiert werden. Das Gericht hat die Klage wegen fehlender Adäquanz abgewiesen. Inwieweit dieser Gesichtspunkt für die Beurteilung des geschilderten Falles überzeugend ist, mag an dieser Stelle offen bleiben[60]. Gegenstand der Untersuchung soll vorerst ausschließlich die Frage sein, ob sich für den Kläger ein allgemeines Lebensrisiko verwirklicht hat. Das aber wäre dann anzunehmen, wenn durch den haftungsbegründenden Umstand (Tritt auf den Fuß) lediglich eine Situation der Art heraufbeschworen wurde, wie sie ohnehin im Leben des verletzten Mannes üblicherweise vorkam. Kein Mensch, auch wenn er noch so umsichtig ist, kann vermeiden, hin und wieder mit Gegenständen seiner Umwelt zu kollidieren, sei es, daß er stolpert oder daß etwas Leichtes auf ihn herunterfällt. Diese Geschehnisse sind mit dem täglichen Leben zwangsläufig verbunden[61]. Der einzelne fühlt sich durch sie nicht schwer belastet und trifft demzufolge auch keine besonders ausgeprägten Vorkehrungen im Hinblick auf ihre Vermeidung. Er nimmt diese Unbilden ganz einfach in Kauf, wohl wissend, daß sein Körper grundsätzlich in der Lage ist, solche Einwirkungen ohne weiteres zu verkraften. Da sich die durch den Fußtritt hervorgerufene Situation, d. h. Art und Intensität des auf die Person des Klägers wirkenden Reizes, in nichts von denjenigen unterscheidet, die ständig mit der Daseinswirklichkeit der Menschen verbunden sind, hat sich, was die Amputation des Beines anbetrifft, ein allgemeines Lebensrisiko verwirklicht. Die — wenngleich zuweilen sehr folgenschweren — Auswirkungen solcher nur ganz geringfügigen alltäglichen Beeinträchtigungen des Körpers muß auch der Schadensanfällige selbst tragen[62].

---
maschigkeit des jeweils bestehenden Netzes von Versicherungs- und Versorgungssystemen ab.

[59] OLG Karlsruhe VersR 1966, 741.

[60] Auf Inhalt und Funktion des Adäquanzkriteriums wird im 3. Teil noch näher eingegangen; vgl. unten S. 64 f.

[61] OLG Karlsruhe VersR 1966, 742: „Dem Kläger wurde nur einfach auf den Fuß getreten, wie es im Verkehrsgedränge, in der Straßenbahn, im Kino, auf dem Sportplatz usw. täglich und hundertfach vorkommt."

[62] Dieses Ergebnis steht in Einklang mit der herrschenden Auffassung in Literatur und Rechtsprechung (Friese, 180/181; Raiser, Haftungsbegrenzung, 23; Lange JZ 1976, 207; RG JW 1908, 41), nur wird dort meist außer acht gelassen, daß es sich insoweit nicht allein um ein Gebot allgemeiner Billigkeit handelt, sondern daß mit Hilfe der Vorstellung vom allgemeinen Lebensrisiko eine konkrete Möglichkeit besteht, die aufgezeigten Überlegungen im Rahmen eines sachlich greifbaren Kriteriums zu beheimaten.

B. Vertiefung

Zwar hat sich die Abgrenzung der verschiedenen Gefahrenbereiche, entsprechend der grundsätzlichen Darstellung zum Wesen der „allgemeinen" und „gesteigerten" Lebensrisiken, streng genommen, nicht nach der Schwere des erlittenen Primäreingriffs zu richten, sondern nach der Üblichkeit des auf den Körper jeweils wirkenden Impulses, diese beiden Gesichtspunkte sind aber weitestgehend austauschbar. In einem von Stoll mitgeteilten englischen Streitfall[63] wurde durch spritzendes geschmolzenes Metall schuldhaft eine kleine Brandwunde auf der Lippe des Verletzten verursacht, die wegen einer nachgewiesenen Krebsveranlagung zu dessen Tod führte. Auch hier handelte es sich nicht nur um eine lediglich geringfügige Einwirkung auf die Physis der betreffenden Person, sondern es wurde gleichzeitig eine Situation herbeigeführt, die üblicherweise mit dem Leben jedes Menschen verbunden ist. Die Gefahr, sterben zu müssen, war für den von seiner Schadensanlage nichts wissenden Metallarbeiter nämlich nicht größer, als beispielsweise für die Hausfrau, die sich beim Abschmecken einer zu heißen Suppe die Lippen verbrennt.

Die Fälle der psychisch bedingten Praedisponiertheit unterliegen grundsätzlich denselben Wertungen und Maßstäben wie diejenigen der körperlichen Labilität. Auch hier geht es um die Abgrenzung solcher durch den haftungsbegründenden Umstand heraufbeschworener Einwirkungen, die üblicherweise mit dem Leben des Verletzten verbunden sind, von denen, die ein spezifisches Deliktsrisiko beinhalten. Der Unterschied zu der vorher behandelten Gruppe besteht darin, daß der auf die betroffene Person ausgeübte Schadensreiz nicht ein Versagen der körperlichen Resistenzkraft nach sich zieht, sondern zu einer Fehlreaktion im nervlich-seelischen Bereich führt.

Innerhalb der Fälle psychischer Praedisponiertheiten verdienen diejenigen besondere Beachtung, bei denen ein Außenstehender entweder infolge eigenen Miterlebens der durch ein haftungsbegründendes Ereignis angerichteten Folgen oder aufgrund der Nachricht hiervon einen Schock erleidet[64]. Schon sehr früh hatte man erkannt, daß die großzügige Gewährung von Ersatzansprüchen bei solchen Fernwirkungsschäden mit der Gefahr uferloser Ausweitung und daraus resultierender unbilliger Belastung des Delinquenten verbunden ist. Die zunächst angestellten Versuche, Haftungsbegrenzungen mit der Nähe dieser Fallgruppe zu derjenigen der mittelbaren Schädigungen zu begrün-

---

[63] Stoll, Festschr. Dölle I, 388.
[64] Schwierigkeiten macht in diesem Zusammenhang bisweilen die medizinische Beantwortung der Frage, ob der Zustand einer Person als Krankheit zu bezeichnen ist, oder ob es sich dabei lediglich um eine — wenn auch starke — emotionale Erschütterung handelt (vgl. dazu BGHZ 56, 163; Bick, 33).

den[65], haben sich jedoch dogmatisch als nicht tragfähig erwiesen. Bei den Fernwirkungsschäden ist nämlich der haftungsbegründende Tatbestand gegenüber jeder einzelnen durch den Schock verletzten Person erfüllt. Im Interesse der Rechtssicherheit zieht die Judikatur, wie bereits aufgezeigt, nunmehr eine klare Grenze. Schockschäden werden lediglich dann ersetzt, wenn das auslösende Moment in der Tötung oder Verletzung eines nahen Angehörigen besteht[66]. In der Literatur schloß man sich überwiegend dieser Auffassung an[67]. Vereinzelten Versuchen, die Problematik durch Herausbildung differenzierterer Bewertungskriterien sachgerechter in den Griff zu bekommen[68], war von seiten der Praxis bisher keine allzu große Anerkennung beschieden[69].

Sieht man die Fallgruppe der Fernwirkungsschäden vor dem Hintergrund der zu untersuchenden Thematik, so ergibt sich, daß die von der h. M. angewandten Grundregeln zwar einerseits wertvolle Indizien zur Bestimmung des allgemeinen Lebensrisikos abgeben, daß eine derart schematisierte Betrachtungsweise aber andererseits kaum jeder denkbaren Sachverhaltsgestaltung gerecht werden kann. Auszugehen ist stets von der Frage, ob die durch das haftungsbegründende Ereignis verursachten, auf das Nervensystem der jeweils betroffenen Person einwirkenden Reize ihrer Art und Intensität nach vergleichbar sind mit solchen, die auch sonst im Leben dieses Menschen üblicherweise vorkommen. Hierzu läßt sich vorweg ganz allgemein feststellen, daß jeder einzelne täglich der Situation ausgesetzt ist, unangenehme Dinge psychisch verkraften zu müssen, sei es, daß er sich nur über bestimmte Begebenheiten des häuslichen Erlebnisbereichs ärgert, daß er etwa durch die Massenmedien Zeitung, Rundfunk, Fernsehen von irgendwo stattfindenden Krisen, Unwetterkatastrophen, Folterungen und ähnlichen Schreckensereignissen Kenntnis erlangt oder daß er als Zuschauer bei Sportveranstaltungen erheblichen nervlichen Belastungen unterworfen ist. Mit diesem Quantum „seelischer Unlustgefühle"[70] muß der moderne Mensch zwangsläufig leben. Will er daran nicht zugrunde gehen, hat er Schmerz und Trauer den ihnen jeweils angemessenen Platz „im Reich seiner Erinnerung"[71] zuzuweisen. Für das Schadensersatzrecht folgt hieraus, daß der Delinquent trotz seiner unerlaubten Handlung nicht das gesamte Risiko des Verletzten übernimmt. Diesem verbleibt viel-

---

[65] Rabel, 506, Anm. 1; Lange AcP 156, 127, Anm. 82.
[66] BGHZ 56, 170; OLG Freiburg VersR 1953, 322; OLG München NJW 1959, 819; LG Stuttgart VersR 1973, 648.
[67] v. Hippel NJW 1965, 1890; Berg NJW 1970, 515; Palandt / Heinrichs v. § 249 5 c dd; a. A. Staudinger / Schäfer § 823, Rdz. 451.
[68] Vgl. vor allem Bick, 184 ff.
[69] Vgl. Staudinger / Schäfer § 823 Rdz. 451.
[70] Stoll, Gutachten, 100.
[71] Reinecke, 20.

mehr in engem Rahmen die Aufgabe, sein Schicksal selbst zu meistern[72]. Die Notwendigkeit dazu ergibt sich auch und gerade für den psychisch Anfälligen[73]. Zwar ist jener grundsätzlich in der Lage, sofern er von seiner Labilität weiß, eine gewisse Anzahl von aufregenden Erlebnissen zu vermeiden, jedoch bringt die allgemeine Teilnahme am gesellschaftlichen Leben für ihn trotzdem noch genügend weitere Schadensmöglichkeiten, denen er sich, will er nicht ein völliges Eremitendasein führen, nur schwer entziehen kann. Mit Recht hat das LG Hildesheim[74] daher die Klage der Ehefrau eines Kfz-Halters abgewiesen, die allein durch die Nachricht von der leichten Beschädigung des Pkws ihres Mannes einen Gesundheitsschaden erlitt. Solche Ärgernisse kommen, auch ohne daß ihnen ein haftungsrelevantes Ereignis vorausgeht, im Alltag der Menschen ständig vor. Sie sind unzweifelhaft als allgemeine Lebensrisiken anzusehen. Das gleiche gilt für den Fall des schwer herzkranken Vaters, der auf die Nachricht vom Armbruch seines Sohnes hin gestorben ist[75]. Auch dieser schicksalhafte Ausgang kann nicht auf die Schaffung eines gesteigerten Risikos der für den Primäreingriff maßgeblichen unerlaubten Handlung zurückgeführt werden[76]. Anders ist es dagegen zu beurteilen, wenn jemand vom Tode eines nahen Angehörigen Kenntnis erhält. In diesem Falle ist angesichts des unwiederbringlichen Verlustes eines geliebten Menschen die Intensität der schmerzlichen Einwirkung auf das seelisch-nervliche Gleichgewicht des jeweils Betroffenen deutlich erhöht gegenüber dem, was üblicherweise an Negativerlebnissen auf ihn zukommt. Hierfür muß der Primärschädiger einstehen.

Bereits oben wurde darauf hingewiesen, daß die einseitige Betonung des Merkmals der nahen Angehörigeneigenschaft als conditio sine qua non für die Zuerkennung eines Ersatzanspruchs nicht in allen Fällen von Schockschäden Dritter zu gerechten Ergebnissen führt. Im Jahre 1969 hatte das LG Frankfurt über folgenden Sachverhalt zu befinden[77]: Die Klägerin ging mit ihrem Verlobten Hand in Hand spazieren, als ihnen der in betrunkenem Zustand am Steuer seines Pkws sitzende Beklagte entgegenkam. Dieser verlor plötzlich die Gewalt über sein Fahrzeug, geriet auf den Bürgersteig, erfaßte den Begleiter des Mädchens und riß ihn von ihrer Hand. Während die Klägerin sich mit letz-

---

[72] Lüer, 140.
[73] Lange JZ 1976, 207.
[74] LG Hildesheim VersR 1970, 720.
[75] OLG Dresden HRR 42 Nr. 276.
[76] Vgl. auch BGH NJW 1976, 1143: hier war bei einem 21jährigen Studenten ein Stammhirnschaden eingetreten, nachdem der Eigentümer einer Wiese ihn unter verbalen sowie kleineren tätlichen Beleidigungen dazu aufgefordert hat, möglichst rasch sein Grundstück zu verlassen.
[77] LG Frankfurt NJW 1969, 2286.

ter Kraft in einen Hauseingang retten konnte, wurde ihr Begleiter in hohem Bogen auf die Straße geschleudert. Dabei erlitt er so erhebliche Verletzungen, daß er noch an der Unfallstelle verstarb. Infolge dieses Ereignisses traten bei dem Mädchen Schockschäden auf, für die sie späterhin Ausgleich begehrte. Das LG Frankfurt hat der Klage stattgegeben, obwohl die gefestigte Rechtsprechung der oberen Instanzen hier ein anderes Ergebnis erwarten ließ. Zwar war die Klägerin mit dem Verunglückten verlobt, einer solchen Beziehung wird jedoch allgemein nicht die Qualität eines nahen Angehörigenverhältnisses zuerkannt[78]. Berücksichtigt man die besonderen Umstände der vorliegenden Streitsache, so läßt sich jedoch feststellen, daß die Richter mit gutem Grund von der sonst herrschenden Betrachtungsweise abgewichen sind. Unabhängig davon, ob das Mädchen mit ihrem Begleiter verheiratet, verlobt, befreundet oder nur flüchtig bekannt war, hat die Art und Weise, wie der junge Mann ums Leben gekommen ist, einen derart destruktiven Einfluß auf ihr seelisches Gleichgewicht ausgeübt, daß sie gewissermaßen „ein Recht darauf hatte", krank zu werden. Hier war ein Erlebnis psychisch zu verkraften, das in seiner Wirkung weit über das hinausging, was sonst im Dasein des Menschen zu gewärtigen ist[79].

Hinter den Überlegungen, mit Hilfe des Kriteriums der nahen Angehörigeneigenschaft eine klare Grenze zwischen erstattungsfähigen und nicht erstattungsfähigen Schockschäden zu ziehen, steht das — vor allem im Hinblick auf das Versicherungswesen — begrüßenswerte Bemühen, den Bereich des Ersatzrechts kalkulierbarer zu machen. Grundsätzlich sollte daher an der vorgenommenen Unterscheidung festgehalten werden[80]. Dies läßt sich damit rechtfertigen, daß es für die Frage des „allgemeinen" bzw. „gesteigerten" Lebensrisikos von maßgebender Bedeutung ist, ob die Schwelle, bis zu der üblicherweise negative Eindrücke auf den Menschen einzuwirken pflegen, im jeweiligen Einzelfall überschritten wurde. Eine solche Sachlage ist aber in der Regel dann zu bejahen, wenn sich der Primäreingriff gegen das Leben eines nahen Angehörigen gerichtet hat. Wie das obige Beispiel deutlich machte, darf jedoch im Interesse einer größtmöglichen materiellen Gerechtigkeit die Qualität der individuellen Beziehung zwischen unmittelbar Verletztem und Schockgeschädigtem kein unantastbares Dogma sein. Die Vorstellung vom allgemeinen Lebensrisiko zeigt hier den richtigen Weg zu einer sinnvollen Haftungsbegrenzung.

---

[78] Vgl. Staudinger / Schäfer § 823 Rdz. 440; v. Hippel NJW 1965, 1893.

[79] Ebenso wohl Staudinger / Schäfer (§ 823 Rdz. 451). Er stellt das Maß der für das Mädchen bestehenden „Affektionsintensität" mit demjenigen gleich, welches etwa bei der Nachricht vom Unfalltod eines Kindes im Hinblick auf dessen Eltern üblich ist.

[80] a. A. Heuer, 177 Fußn. 2.

B. Vertiefung

Als weitere mit dem Leben des Betroffenen üblicherweise verbundene Schadensmöglichkeit, die unabhängig vom Ablauf einer gerade durch den haftungsbegründenden Umstand in Gang gesetzten Verhaltensweise besteht, stellt sich die Gefahr dar, wegen Blockierung einer öffentlichen Straße infolge Unfalls oder sonstiger Ereignisse an der zweckentsprechenden Benutzung dieses Verkehrsweges gehindert zu sein und dadurch finanzielle Verluste erleiden zu müssen. Der BGH hatte sich jüngst mit einem solchen Fall zu befassen[81]: In der Nähe des Gewerbetriebs der Klägerin geriet durch unsachgemäßes Vorgehen der Beklagten ein Tanklastzug in Brand. Während der anschließenden Löscharbeiten blockierten die Einsatzfahrzeuge von Polizei und Feuerwehr die öffentliche Zufahrtsstraße zum Grundstück der Klägerin. Dadurch war das Unternehmen für insgesamt mehr als fünf Stunden zum Erliegen gekommen. Das Gericht hat die Klage abgewiesen, weil der geltend gemachte Schaden nicht vom Schutzzweck der verletzten Vorschrift gedeckt wurde. Die vorübergehende Beeinträchtigung des Gemeingebrauchs an einer öffentlichen Straße sei von jedem Benutzer „als schicksalhaft"[82] ersatzlos hinzunehmen. Dieser Rechtsauffassung ist vom Ergebnis her zuzustimmen. Was jedoch ihre inhaltlich-sachliche Begründung anbetrifft, so fehlt der Hinweis auf den Gesichtspunkt des allgemeinen Lebensrisikos. Straßen können nun einmal ständig blockiert werden. Niemand kann vor Antritt einer Fahrt sicher damit rechnen, von derartigen Behinderungen verschont zu bleiben. Auch ohne daß ein haftungsrelevantes Ereignis, z. B. ein schuldhaft herbeigeführter Unfall, als auslösendes Moment fungiert, gibt es zahlreiche Möglichkeiten für die Blockierung öffentlicher Verkehrswege, so etwa, wenn wegen Reparatur des Straßenkörpers Baustellen errichtet werden müssen oder wenn sich, wie es täglich geschieht, infolge zu hohen Kfz-Aufkommens Staus bilden. Es handelt sich hierbei um Vorgänge, die mit unserer modernen hochmobilen Welt zwangsläufig verbunden sind. Die Gefahr, vorübergehend am Gemeingebrauch einer Sache gehindert zu werden, stellt demnach heute ein allgemeines Lebensrisiko dar. Von einer „gesteigerten" Schadensmöglichkeit ist dagegen nur dann zu sprechen, wenn der haftungsbegründende Umstand eine sehr lang anhaltende Störung der Verkehrswege zur Folge hat. Hier bewirkt die quantitative Änderung der Verhältnisse gleichzeitig einen Umschlag in der Qualität[83].

Gegenstand einer möglichst umfassenden Erörterung der mit dem Leben in einer modernen Gesellschaft verbundenen üblichen Risiken

---
[81] BGH NJW 1977, 2264 (leicht abgewandelt).
[82] BGH NJW 1977, 2265.
[83] Auf dem Gebiet der öffentlichrechtlichen Enteignung gilt dieser Grundsatz bereits seit einiger Zeit (vgl. BGH LM Art 14 (Cf) Nr. 24; BGH JZ 1965, 641). Er dient dort zur Bestimmung des Tatbestandsmerkmals „Sonderopfer".

muß auch eine Fallgruppe sein, die in der rechtswissenschaftlichen Diskussion neuerdings zunehmend Beachtung findet. Es handelt sich um die sog. Stromkabelentscheidungen[84]. Bei ihnen wird darum gestritten, wer den Schaden tragen muß, der infolge eines Ausfalls der Stromzuführung durch Beschädigung des Versorgungsnetzes eingetreten ist. Da die Stromabgabebedingungen der verschiedenen Unternehmen meist einen Haftungsausschluß für derartige Zwischenfälle enthalten[85], kann in der Regel nur der unmittelbare Verursacher der Stromunterbrechung mit Erfolg in Anspruch genommen werden. Dieser steht dann jedoch — entsprechend der räumlichen Erstreckung des Energieausfalls — häufig gleich einer Vielzahl von geschädigten Bewohnern gegenüber. Trotz der damit verbundenen möglicherweise erheblichen finanziellen Belastung soll der Betreffende nach Auffassung der h. M. aber grundsätzlich voll haften[86].

Vor allem Deutsch hält eine so weitreichende Ausdehnung der Verantwortlichkeit für problematisch[87]. Er fordert, den neu entstandenen Ordnungsaufgaben dieses Bereichs mit angemessenen Haftungsbeschränkungen zu genügen. Es liegt nun nahe, auch hierfür die Vorstellung vom allgemeinen Lebensrisiko nutzbar zu machen. Ist nicht die durch eine Unterbrechung der Stromversorgung heraufbeschworene Situation so üblich und mit unserem Zusammenleben gleichsam notwendigerweise verbunden, daß jedermann die daraus entstehenden Nachteile[88] entschädigungslos hinnehmen muß, einerlei, ob die Störung durch Blitzschlag oder durch die unerlaubte Handlung anderer Personen verursacht wurde? Trotz der heute äußerst komplizierten technischen Anlagen, der ständig lebhafteren Bautätigkeit und der vermehrten Benutzung großflächig wirkender Geräte wird man die gestellte Frage jedoch verneinen müssen. Energieausfälle sind relativ selten. Besonders dann, wenn sie auf natürlichen Einwirkungen beruhen, besteht zudem häufig die Möglichkeit, mit Hilfe von Notaggregaten rasche Abhilfe zu schaffen. Auch für den modernen Menschen verwirklicht

---

[84] Vgl. vor allem BGHZ 41, 123.
[85] Auch nach einem am 16. 2. 1979 veröffentlichten Verordnungsentwurf des Bundeswirtschaftsministers über die allgemeinen Geschäftsbedingungen für die Elektrizitäts- und Gasversorgung sollen die E-Werke lediglich bei grob fahrlässig verschuldeten Stromausfällen ersatzpflichtig sein.
[86] BGHZ 41, 123; Palandt / Heinrichs v. § 249 Rdz. 5 d aa; ausgenommen werden nur solche Vermögensschäden, die bei einem nicht betriebsbezogenen Eingriff für gewerbliche Unternehmungen entstehen (z. B. Produktionsausfall); vgl. dazu umfassend Staudinger / Schäfer § 823 Rdz. 158 ff. m. w. Nachw.
[87] Deutsch, Haftungsrecht, 38; Deutsch AcP 170, 84; vgl. weiterhin die bei Staudinger / Schäfer (§ 823 Rdz. 161) aufgeführte Kritik des Schrifttums.
[88] Friese (S. 163) erwähnt etwa das Beispiel des Fußgängers, der sich verletzte, nachdem infolge eines Stromausfalls die Straßenbeleuchtung erloschen war.

B. Vertiefung

sich insoweit also prinzipiell eine durch den haftungsbegründenden Umstand „gesteigerte" Gefahr. Mit Hilfe des Kriteriums „allgemeines Lebensrisiko" kann diese Fallgruppe demnach nicht im Sinne einer weiterreichenden Anspruchsbegrenzung gelöst werden[89].

Am Ende der Darstellung allgemeiner Lebensrisiken nach Fallgruppen ist noch auf folgende Problematik einzugehen. In der Literatur taucht verschiedentlich die Formulierung auf, daß die mit jeder Teilnahme am Straßenverkehr verbundenen Gefahren zu den allgemeinen Lebensrisiken zu rechnen sind[90]. Hiernach hat es den Anschein, als ob der Mensch für alle Nachteile, die er im Rahmen seiner Betätigung als Fußgänger, Autofahrer usw. erleidet, selbst einstehen soll. Wie sich aus dem Gesamtzusammenhang der einzelnen Darstellungen ergibt, wird mit der aufgestellten These jedoch nur das grundsätzliche Prinzip zum Ausdruck gebracht. Es gibt bestimmte Lebensbereiche, in denen die üblicherweise im Dasein der Menschen vorkommenden Schadensmöglichkeiten wegen ihrer großen Anzahl das Gesamtbild prägen. Dazu ist neben dem Verkehr etwa noch der Haushalt und die Schule zu rechnen. Es wäre nun aber verfehlt, bei einer konkreten Fallösung festzustellen, ob der Erfolgseintritt auf solchen Gefahren beruht, die einem dieser Bereiche entstammen, und daraus zu schließen, daß sich ein allgemeines Lebensrisiko verwirklicht hat. So können nämlich beispielsweise auch innerhalb des gewöhnlichen Schulbetriebs Situationen entstehen, die mit der sonstigen von den Eltern gesteuerten Erziehung des Kindes nicht verbunden sind. Man denke etwa an das Experimentieren mit Salzsäure im Chemieunterricht[91]. Daß im Bereich des Straßenverkehrs nicht alle rechtlich relevanten Nachteile aus der Verwirklichung allgemeiner Lebensrisiken resultieren, wurde bereits in dem Fall des verletzten Kaufhausbesuchers, der mit stark überhöhter Geschwindigkeit in einem Taxi zum Krankenhaus gefahren wurde und unterwegs einen Unfall erlitt, sichtbar[92]. Darüber hinaus muß auch in diesem Zusammenhang noch einmal die Problematik der zeitlichen Aufeinanderfolge von lebensüblicher Gefahr und haftungsbegründendem Umstand hervorgehoben werden[93]. Nur für die Risiken, denen der Betroffene

---

[89] Wer aufgrund seiner beruflichen Betätigung verstärkt der Gefahr ausgesetzt ist, wegen Unterbrechung einer Versorgungsleitung in Regreß genommen zu werden, dem bleibt gegenwärtig nichts anderes übrig, als sich um einen ausreichenden Versicherungsschutz zu kümmern.
[90] z. B. Lange JZ 1976, 206; Lanz, 192.
[91] Zu Recht hat der BGH daher in den Turnstundenfällen den von ihm entwickelten Gedanken, daß durch die ordnungsgemäß ausgeübte Schulzucht der für jedes Kind bestehende, naturgegebene Gefahrenbereich nur in anderer Art und Weise konkretisiert wird, mit dem einschränkenden Zusatz „in weitem Umfang" versehen (BGH NJW 1967, 622).
[92] Vgl. oben S. 49.
[93] Vgl. oben S. 38 f.

seitens des in Anspruch Genommenen „ausgesetzt" wurde, stellt sich die Frage nach seiner Eigenverantwortlichkeit.

Allein die Einordnung einzelner Schadensmöglichkeiten in bestimmte Lebensbereiche[94] vermag somit keine verbindliche Klarheit darüber zu schaffen, ob jemand einen erlittenen Nachteil selbst tragen muß. Insoweit sind allenfalls — praktisch jedoch nicht sehr bedeutsame — Indikationsbezüge denkbar.

---

[94] Friese (S. 169) fügt den bereits erwähnten noch die Bereiche „Arbeitsplatz" und „Sport" hinzu.

Dritter Teil

Dogmatische Einordnung

A. Das allgemeine Lebensrisiko in Abgrenzung zu anderen Haftungskorrektiven

Die Zusammenfassung der richterlichen und wissenschaftlichen Beiträge zum Begriff „allgemeines Lebensrisiko" hat erkennen lassen, daß hinsichtlich des systematischen Standortes jenes Merkmals sehr unterschiedliche Auffassungen bestehen. Während die Judikatur[1] und weite Teile der Lehre[2] vorwiegend zu einer Eingliederung in die sog. Schutzzwecktheorie neigen, halten andere Autoren[3] demgegenüber das Prinzip der Adäquanz für den geeigneteren dogmatischen Rahmen. Daneben wird vereinzelt auch noch auf eine — wenigstens partielle — sachliche Verwandtschaft zwischen allgemeinem Lebensrisiko und den Gedanken der Sozialadäquanz[4] sowie des Handelns auf eigene Gefahr[5] hingewiesen. Im Vordringen befindlich ist augenblicklich wohl die von Stoll begründete Position, wonach das „allgemeine Lebensrisiko" unter keines der genannten Haftungsbegrenzungselemente einzuordnen ist, sondern vielmehr eine eigenständige Funktion erfüllt[6]. Welche Auffassung den wesentlichen Grundstrukturen des fraglichen Problemkreises am ehesten Rechnung trägt, soll Gegenstand der nachfolgenden Untersuchung sein. Dabei erscheint es angesichts des stark verzweigten Meinungsbildes zum Inhalt der Kriterien „Adäquanz" und „Schutzzweck der Norm" unerläßlich, zuvor mit Hilfe eines geschichtlichen Überblicks das Verständnis für deren spezifische Funktions- und Anwendungsbereiche zu erleichtern.

---

[1] Vgl. etwa BGH JZ 1958, 743; BGH JZ 1969, 704; LG Stuttgart VersR 1973, 649.

[2] Lange, Gutachten, 51 f.; Wolf, 47; Ossenbühl JuS 1970, 281; Huber JZ 1969, 681; v. Caemmerer DAR 1970, 287.

[3] So wohl Schickedanz NJW 1971, 920; Kramer JZ 1976, 342; Larenz, SR I, 363.

[4] Friese, 179.

[5] Wolf, 53/54.

[6] Stoll, Kausalzusammenhang, 26/27; Lange JZ 1976, 206.

3. Teil: Dogmatische Einordnung

I. Das Adäquanzkriterium

1. Historische Entwicklung

Die Herausbildung des Adäquanzkriteriums ist eine Folge der Erkenntnis, daß die alleinige Verwendung der durch v. Buri[7] ins Leben gerufenen sog. Bedingungstheorie überall dort die Gefahr unsachgemäßer und unbilliger Ergebnisse in sich birgt, wo die Haftung für ein bestimmtes Geschehen losgelöst von der Frage nach dem etwaigen Verschulden der in Anspruch genommenen Person beurteilt wird[8]. Wenngleich bereits v. Bar[9] mit seiner Feststellung, „alle Folgen der Tat werden auf den Handelnden als Ursache bezogen, welche in dem regelmäßigen Lauf der Dinge liegen", durchaus den wesentlichen Inhalt der Vorstellung vom adäquaten Kausalzusammenhang beschrieben hatte und, worauf Werner hinwies[10], sogar schon dem griechischen und römischen Recht die hiermit verbundenen Gedankengänge nicht ganz unbekannt waren, so gilt doch allgemein der Physiologe und Philosoph von Kries als geistiger Vater jener Lehre[11]. In seiner 1888 veröffentlichten umfassenden Abhandlung „Über den Begriff der objektiven Möglichkeit und einige Anwendungen desselben" bediente er sich nicht nur erstmalig der Wendung „adäquate Verursachung"[12], die der Theorie dann ihren Namen gab, sondern er machte gleichzeitig anhand zahlreicher Beispiele deutlich, welche Geltung die von ihm angestellten wahrscheinlichkeitstheoretischen Überlegungen für die Bewertung rechtlicher Zusammenhänge beanspruchen können. In den Mittelpunkt seiner Untersuchung stellte v. Kries die Frage, ob zwischen einem bestimmten Umstand und dem daraus kausal i. S. d. Conditioformel entstandenen Erfolg ein zu verallgemeinernder, aus Erfahrung und Wissen sich ergebender nomologischer Zusammenhang bestehe, oder ob dieser nur eine Eigentümlichkeit des konkreten Falles, ein individueller, ontologischer sei. Die Abgrenzung zwischen beiden richte sich danach, inwieweit das jeweilige Ausgangsmoment gemeinhin die Tendenz besitze, einen Erfolg solcher Art hervorzubringen; ob es also dessen Entstehung generell begünstigte, oder ob es hieran nur als zufällige Ursache mitgewirkt habe[13]. Im letzteren Fall sei der Kausalzusammenhang inadäquat, so daß der Betreffende für den von ihm in Gang ge-

---
[7] v. Buri, Zur Lehre von der Teilnahme an dem Verbrechen und der Begünstigung, 1860.
[8] Vgl. Staudinger / Werner v. § 249, Rdz. 25; Fikentscher, 268; Köbler, SR, 470; Brox, Rdz. 327.
[9] v. Bar, 21.
[10] Staudinger / Werner v. § 249, Rdz. 26.
[11] Vgl. z. B. Weitnauer, Festschr. Oftinger, 327.
[12] z. B. v. Kries, 228.
[13] v. Kries, 200.

A. Abgrenzung zu anderen Haftungskorrektiven

setzten Geschehensablauf nicht verantwortlich gemacht werden könne. Die Würdigung des in Frage stehenden Ereignisses als ein den Erfolg generell begünstigendes Moment soll auf der Basis der dem Täter zur Zeit des Setzens der Bedingung bekannten oder erkennbaren konkreten Einzelumstände erfolgen, wobei allerdings das gesamte im Augenblick der Beurteilung vorhandene Erfahrungswissen zugrunde zu legen sei[14]. Wegen dieser für sie charakteristischen Merkmale ist die v. Kries-sche Auffassung in der rechtswissenschaftlichen Diskussion bisweilen als „individuelle ex ante Adäquanztheorie" bezeichnet worden[15].

1896 griff Max Rümelin anläßlich seiner Tübinger Antrittsrede, in der er sich mit dem Phänomen des Zufalls befaßte, die Problematik des Kausalzusammenhangs erneut auf. In Gegenposition zu v. Kries, dessen Vorschlag, bei der Bildung des Adäquanzurteils auf die individuellen Möglichkeiten des Urhebers der Ausgangsbedingung abzustellen, er für das nach den Grundsätzen objektiver Gefährdungs- bzw. Vertragshaftung gestaltete Zivilrecht als nicht brauchbar ansah, vertrat Rümelin die Auffassung, daß den Schädiger nur solche Umstände entlasten sollten, die unter Heranziehung des allgemeinen menschlichen Erfahrungswissens weder ex ante bekannt bzw. erkennbar waren noch im Verlauf des nachfolgenden Geschehens — also ex post — ersichtlich geworden sind[16]. Auf diese Weise wollte er auch in den Fällen zu einer Haftung des in Anspruch Genommenen gelangen, in welchen der eingetretene Schaden auf einer besonderen, bei individueller ex ante Beurteilung nicht erkennbaren, Beschaffenheit des Betroffenen beruhte[17].

Eine vermittelnde Stellung zwischen der v. Kriesschen Fassung des Adäquanzgedankens und dem allgemein als „objektiv nachträgliche Prognose" etikettierten Standpunkt Rümelins[18] nimmt Traeger in seinen Untersuchungen über den Kausalbegriff ein. Zwar geht er einerseits davon aus, daß für die Feststellung derjenigen Umstände, die über den Grad der Begünstigungstendenz eines Ereignisses entscheiden, auf den Zeitpunkt des Setzens der Bedingung abzustellen ist, andererseits will er jedoch als Bezugsobjekt dieser rechtlichen Würdigung nicht die jeweilige individuelle Täterpersönlichkeit ansehen, sondern einen mit höchster menschlicher Einsicht ausgestatteten sog. Idealbeobachter[19]. Basis der Position Traegers ist die Bestimmung der adäquaten Ursache als solche Begebenheit, welche die „objektive Möglichkeit eines Erfolgs von der Art des eingetretenen generell in nicht unerheblicher

---

[14] v. Kries, 228 f.
[15] Lindenmaier ZHR 113, 224.
[16] Rümelin, Zufall, 47.
[17] Rümelin, Causalbegriffe, 267.
[18] Vgl. Lindenmaier ZHR 113, 224.
[19] Traeger, 159 ff.

Weise erhöht hat"[20]. Ausgeklammert werden also alle jene Geschehensabläufe, mit denen die Lebenserfahrung nicht mehr rechnet[21].

Eine weitere Variante der Adäquanztheorie ging von Enneccerus aus. Er verneinte den Kausalzusammenhang zwischen dem eingetretenen Erfolg und der fraglichen Tatsache, „wenn diese ihrer allgemeinen Natur nach für die Entstehung eines derartigen Schadens ganz gleichgültig (indifferent) war und nur infolge außergewöhnlicher Umstände zu einer Bedingung wurde"[22]. Nach dieser Auffassung braucht der haftungsbegründende Umstand somit die spätere Entwicklung nicht notwendig „begünstigt" zu haben, sondern es reicht aus — ein Gedanke, den Enneccerus mittelbar aus den §§ 447, 287, 848 BGB ableitete —, daß jener in irgendeiner Weise den Kreis der Gefahren verändert hat[23].

Den vorstehend aufgezeigten althergebrachten Fassungen des Adäquanzkriteriums sind im Laufe der Zeit verschiedene modifizierende Ausformungen an die Seite gestellt worden. So glaubt etwa Lindenmaier[24], daß als sedes materiae des fraglichen Problemkreises § 242 BGB anzusehen sei. Die Verpflichtung zum Schadensersatz müsse sich stets an Billigkeits- und Zumutbarkeitsvorstellungen orientieren. Erstaunlicherweise gelangt er von diesem theoretischen Ansatzpunkt aus jedoch nicht zu einer flexibleren praktischen Anwendung der Adäquanzlehre. Bei der Entscheidung des konkreten Einzelfalles stützt er sich nämlich letzten Endes auch wiederum nur auf die starren Formeln von Traeger und Enneccerus[25]. Zu Recht ist daher kritisiert worden, daß Lindenmaier lediglich die alte Lehre mit einer anderen rechtspolitischen Vokabel belegt habe[26].

Auch Larenz stellte die zunächst unter dem Gesichtspunkt eines besonderen „juristischen" Kausalzusammenhangs erörterte Problematik auf eine neue theoretische Grundlage[27]. Seiner Ansicht nach geht es hierbei ausschließlich um die „objektive Zurechnung" von Folgen nach dem „Prinzip der Verantwortlichkeit". Inadäquate Geschehensverläufe schlössen die Haftung der in Anspruch genommenen Person deswegen aus, weil sie vernünftigerweise nicht mehr als vom Willen des Handelnden beherrscht gedacht und damit nicht auf seine freie Selbstbestimmung zurückgeführt werden könnten[28]. Was die inhaltliche Aus-

---
[20] Traeger, 163 f.
[21] Traeger, 165.
[22] Enneccerus / Lehmann, 66.
[23] Enneccerus / Lehmann, 67/68.
[24] Lindenmaier ZHR 113, 207 ff.
[25] Lindenmaier ZHR 113, 238.
[26] Lüer, 91.
[27] Larenz NJW 1955, 1009 f.
[28] Larenz NJW 1955, 1011.

A. Abgrenzung zu anderen Haftungskorrektiven

gestaltung des Adäquanzkriteriums angeht, so folgt auch Larenz grundsätzlich der von Traeger vorgeschlagenen objektiven ex ante-Prognose. Allerdings will er nur solche Schadensfolgen dem Verantwortungsbereich des Ersatzpflichtigen zurechnen, deren Eintritt zum Zeitpunkt des haftungsbegründenden Ereignisses vom Standpunkt eines „erfahrenen" — im Gegensatz zum „idealen" — Beobachters aus als nicht völlig unwahrscheinlich gelten konnte[29].

Neben den bereits dargestellten Positionen, Umschreibungen und Definitionen ist zuletzt noch jene recht verbreitete Auffassung zu erwähnen, nach der es für die Bestimmung des Adäquanzkriteriums darauf ankommen soll, ob der eingetretene Schaden zu den „typischen" Folgeereignissen des vom Täter praktizierten Verhaltens gehört[30].

Der Gedanke, eine angemessene Haftungsbeschränkung mit Hilfe von Wahrscheinlichkeitsprognosen zu erreichen, ist verständlicherweise gerade in dem Zeitraum, als die Schutzzwecktheorie allmählich ihren festen Platz in der Dogmatik des Schadensersatzrechts beanspruchte, stark kritisiert worden. Äußerungen wie „Verfall"[31], „Ende"[32], „Ableben"[33], „Versagen"[34] bzw. „Leerformelhaftigkeit"[35] geben deutlich wieder, welche Wertschätzung einige Autoren der Vorstellung vom adäquaten Kausalzusammenhang entgegengebracht haben. Schon 1960 glaubte Hauss[36] daher, eine immer stärker werdende „Abschiedsstimmung" feststellen zu können[37]. Dieses düstere Bild hat sich jedoch heute nicht unwesentlich gewandelt. Es scheint, als könne im Hinblick auf die Adäquanztheorie von einer Art Renaissance gesprochen werden. Sieht man sich nämlich die moderne Literatur zum Schadensersatzrecht an, so fällt auf, daß der Lehre nur noch in ganz vereinzelten Stellungnahmen die Existenzberechtigung rundweg abgesprochen wird[38]. Der weit überwiegende Teil der Veröffentlichungen erkennt demgegenüber der Adäquanzprüfung zunehmend eine — wenigstens im haftungsausfül-

---

[29] Larenz, SR I, 354; zustimmend Kötz, Deliktsrecht, 72.
[30] Vgl. Niebaum, 53 m. w. Nachw.
[31] Lange AcP 156, 114.
[32] Huber JZ 1969, 677.
[33] Hopt, 222 Fußn. 7.
[34] Lanz, 33; an anderer Stelle (S. 42) spricht er von „skurrilen Adäquanzkapriolen.
[35] Bernert AcP 169, 431.
[36] Hauss, C 25.
[37] Hauptziele des Unmuts waren einerseits die Tatsache, daß die Lehre mit einem vom streng philosophischen abweichenden, spezifisch juristischen Kausalitätsbegriff arbeitete, und andererseits ihre wegen des unscharfen Maßstabs relativ schwierige praktische Handhabung (vgl. Raiser, Haftungsbegrenzung, 5 ff.).
[38] z. B. von Hübner (Risikosphären S. 63) und Lanz (S. 42).

lenden Bereich — unverzichtbare Bedeutung für die Bewerkstelligung eines sachgerechten Ausgleichs entstandener Vermögenseinbußen zu[39].

Daß sich die Schilderung der historischen Entwicklung des Adäquanzgedankens schwerpunktmäßig an den Bemühungen der Wissenschaft orientiert, ist keineswegs zufälliger Natur. In diesem Bereich stand nicht nur die Wiege jenes Kriteriums, sondern hier fanden auch die grundlegenden Fortentwicklungen statt. Demgegenüber beschränkte sich der Beitrag richterlichen Wirkens im wesentlichen auf die praktische Erprobung des von der Lehre gelieferten und seitens der Judikatur periodisch rezipierten Theorienbestandes.

Eingang in die Rechtsprechung der oberen Instanzen hat das Kriterium des adäquaten Kausalzusammenhangs im Jahre 1902 gefunden[40]. Nach vorübergehendem Schwanken in der Folgezeit — hier wurde verschiedentlich offen gelassen, ob nicht doch allein der Bedingungstheorie zu folgen sei[41] — setzte sich, etwa vom Jahre 1908 ab, der Adäquanzgedanke allgemein durch. Griff das RG bei der Urteilsfindung zunächst überwiegend auf die von Enneccerus vorgeschlagene Fassung zurück[42], so ging es im Anschluß an eine kurze Phase, in der man sich näher an die Traegersche Formel anlehnte[43], gegen Ende seines Bestehens allmählich dazu über, festzustellen, ob eine Handlung oder Unterlassung „im allgemeinen und nicht nur unter besonders eigenartigen, ganz unwahrscheinlichen und nach dem regelmäßigen Lauf der Dinge außer Betracht zu lassenden Umständen zur Herbeiführung des eingetretenen Erfolgs geeignet gewesen ist"[44]. Im sog. Schleusenfall hat sich dann auch der BGH zur Lehre vom adäquaten Kausalzusammenhang bekannt[45]. Während er sich anfänglich sehr eng an die Traegersche Version der Gefahrerhöhung hielt, fragt er in Entscheidungen aus jüngerer Zeit wieder mehr nach der Wahrscheinlichkeit des eingetretenen Geschehensverlaufs[46].

---

[39] Beispielhaft für diese Entwicklung ist etwa die Haltung Hermann Langes, der noch auf dem 43. Deutschen Juristentag die Heranziehung von Adäquitätsgesichtspunkten neben der Schutzzweckprüfung für sinnlos hielt (Gutachten S. 9), 1976 jedoch feststellte, es sei besser, das Adäquanzkriterium „nicht ganz fallen zu lassen" (Lange JZ 1976, 199).
Vgl. außerdem vor allem Palandt / Heinrichs v. § 249 Rdz. 5 c; Deutsch, Haftungsrecht, 34; Wussow, Unfallhaftpflichtrecht, 42; Köbler, SR, 471; Brox. Rdz. 330; Buchner, 27; Migsch, 21; Kramer JZ 1976, 342; Görgens JuS 1977, 711.
[40] RGZ 50, 222.
[41] RGZ 69, 59; 72, 326/327.
[42] z. B. RG JW 1908, 526; RG JW 1910, 650.
[43] RGZ 81, 361.
[44] RGZ 133, 126/127.
[45] BGHZ 3, 261.
[46] BGH NJW 1976, 1144; BGH VersR 1978, 947.

2. Funktion und Anwendungsbereich

Will man zum Zwecke einer Klärung des dogmatischen Systemgefüges im Bereich des Schadensersatzrechts untersuchen, inwieweit Übereinstimmungen und Gegensätze zwischen der Vorstellung vom allgemeinen Lebensrisiko und den Fragestellungen des Adäquanzgedankens gegeben sind, so muß notwendigerweise festgelegt werden, mit welchem Inhalt das Adäquanzmerkmal in die vergleichende Betrachtung einzuführen ist. Es liegt auf der Hand, daß man ein völlig verschiedenartiges Ergebnis gewinnt, je nachdem, ob im Rahmen der Adäquitätsprüfung lediglich die „völlig unwahrscheinlichen" oder auch schon die „untypischen" Geschehensverläufe von der Haftung ausgeklammert werden.

Theoretische Grundlage der vorzunehmenden Präzisierung ist die Erkenntnis, daß der Adäquanzgedanke keine spezifisch juristische Verursachungslehre darzustellen vermag. Die Kausalität als eine fundamentale Kategorie des Denkens erfordert interdisziplinär einheitliche Beurteilungsmaßstäbe[47]. Diese Auffassung ist in der rechtswissenschaftlichen Diskussion mittlerweile ganz herrschend geworden[48]. Die von den Begründern der Adäquanztheorie noch für zwingend gehaltene Überlegung, daß allein die Einbettung in den Ursachenbegriff dem Gebot der Gesetzestreue genügen könne[49], entspricht nicht mehr dem Erkenntnisstand der modernen Rechtsfindungslehre. Wenngleich man somit — bildlich gesprochen — jahrzehntelang unter falscher Flagge segelte, so darf hieraus doch keineswegs geschlossen werden, daß auch der eingeschlagene Kurs nicht gestimmt hat. Die Existenzberechtigung des Adäquanzkriteriums ist nämlich ausschließlich danach zu beurteilen, ob dieses Merkmal unter Zugrundelegung der bestmöglichen inhaltlich-sachlichen Ausgestaltung seine ihm als Haftungsbegrenzungselement spezifisch zugewiesene Funktion erfüllen kann.

Mit der Entwicklung seiner Theorie wollte v. Kries, genauso wie die ihm nachfolgenden Verfechter der Adäquanzlehre, einen Beitrag zur Überwindung des Gedankens vom „versari in re illicita" leisten. Man erkannte, daß es nicht sinnvoll ist, die Verantwortlichkeit einer Person

---

[47] Vgl. Larenz, SR I, 354: „Der Begriff der Ursächlichkeit ist dem Gesetzgeber nicht verfügbar."
[48] BGHZ 3, 261; Raiser, Haftungsbegrenzung, 97; Larenz NJW 1955, 1011; v. Caemmerer DAR 1970, 284; Bydlinski, 59; Deutsch, Haftungsrecht, 142; Wussow, Unfallhaftpflichtrecht, 42; Mertens / Reeb JuS 1971, 526; Weitnauer, Festschr. Oftinger, 342; vgl. auch die von Blei (S. 81) erwähnten Gründe zur Entwicklung der im Strafrecht teilweise vertretenen sog. Relevanztheorie; demgegenüber scheinen Staudinger / Werner (v. § 249 Rdz. 20, 21), Rödig (S. 62 Fußn. 156) und Geigel (S. 2) nach wie vor eine Kausalitätslehre im streng juristischen Sinne für möglich zu halten.
[49] Larenz (Diskussionsbeitrag C 49) sieht in dieser Vorgehensweise einen „begriffsjuristischen Trick".

für den von ihr in Gang gesetzten Geschehensverlauf ad infinitum auszudehnen. Das besondere Anliegen der Adäquanzprüfung bestand nun darin, hinsichtlich derjenigen Folgeentwicklungen eine haftungsrelevante Grenze zu ziehen, welche nach allgemeiner Beurteilung als absoluter Zufall anzusehen sind, casus a nullo praestantur[50]. Diese außerhalb der menschlichen Beeinflussungssphäre liegenden Schäden soll jeder Betroffene als sein persönliches Schicksal selbst tragen[51]. Die Adäquanzlehre erfüllt somit eine ganz spezielle Funktion. Unter Verwendung empirischer Maßstäbe[52] will sie ermitteln, ob das Vorliegen eines bestimmten Ereignisses die Möglichkeit des konkret bewirkten Erfolgs nennenswert erhöht hat, oder ob es sich insoweit um eine rein zufällige Verknüpfung handelte[53]. Da dieser grundsätzliche Ausgangspunkt von denjenigen Formulierungen der Adäquanztheorie nicht bzw. zu wenig berücksichtigt wird, welche entweder auf Billigkeits- oder Zumutbarkeitsvorstellungen zurückgreifen, wie Lindenmaiers Konzeption[54], oder die den Verantwortungsbereich für ein Folgegeschehen von dem Gesichtspunkt der Typizität abhängig machen wollen[55], kommen jene Fassungen für die Bestimmung des fraglichen Merkmals nicht in Betracht. Hier liegt regelmäßig die fehlerhafte Vorstellung zugrunde, daß allein der Adäquanzgedanke zur Haftungsbegrenzung berufen sei und man demzufolge im Interesse der Erzielung sachgerechter Ergebnisse das Netz der Anwendungsmöglichkeiten über den Kreis zufälliger Schadensverursachungen hinausspannen müsse.

Wie oben bereits angesprochen, bezweckt das Adäquitätsurteil in seiner ihm ursprünglich beigelegten, von normativen Elementen freien Bedeutung eine Ausscheidung solcher Erfolgseintritte, die der fragliche Umstand entweder überhaupt nicht oder nach der Erfahrung des Lebens nur minimal begünstigt hat[56]. Dabei geht es um einen Vergleich zwischen dem Schadenspotential der Situation wie sie ohne das haftungsrelevante Ereignis bestünde, und dem Zustand, welcher tatsächlich geschaffen wurde. Die hierin liegende Problematik kommt allerdings nur sehr verkürzt und unscharf zum Ausdruck, wenn man, wie dies vereinzelt geschieht[57], lediglich die Frage nach der „Wahrscheinlichkeit des eingetretenen Geschehensverlaufs" erörtert. Hier wird der Cha-

---

[50] Traeger, 166, 223; Rümelin, Zufall, 6 f.
[51] Vgl. § 1311 ABGB: „Der bloße Zufall trifft denjenigen, in dessen Vermögen oder Person er sich ereignet."
[52] Raiser JZ 1963, 463.
[53] Traeger, 166; Erman / Sirp § 249 Rdz. 24.
[54] Vgl. oben S. 66.
[55] Vgl. oben S. 67.
[56] Rümelin, Causalbegriffe, 220; Rümelin, Zufall, 52; Traeger, 159.
[57] Vgl. z. B. RGZ 152, 401; 168, 88; 169, 91; Rother, Haftungsbeschränkung, 8/9; Larenz, SR I, 354 f.

A. Abgrenzung zu anderen Haftungskorrektiven

rakter des Adäquanzkriteriums verbogen. An die Stelle des richtigerweise anzuwendenden relativen Beurteilungsmaßstabs tritt ein absoluter. Dies sei anhand des folgenden von Thomas Raiser besprochenen Falles verdeutlicht[58]: Jemand hatte sich verpflichtet, ihm mietweise zur Verfügung gestellte Maschinen aus Sicherheitsgründen in einem ganz bestimmten Raum seines Betriebes aufzustellen. Weil er den Platz für andere Zwecke benötigte, hielt er sich nicht an die getroffene Abmachung. Infolge einer Explosion in der benachbarten chemischen Fabrik entwickelten sich ätzende Dämpfe, welche die gemieteten Maschinen beschädigten. Wenn Raiser nun meint, daß die Adäquanz deswegen unbestreitbar sei, weil derartige Unglücksfälle kaum „außer aller Erfahrung" lägen, so übersieht er, daß die Adäquitätsprüfung hier genaugenommen nicht davon abhängt, ob Explosionen in solchen Fabriken gelegentlich eintreten können, sondern daß es vielmehr festzustellen gilt, ob die Gefahr des Einwirkens ätzender Dämpfe auf die Maschinen dadurch nennenswert erhöht worden ist, daß sie in einem anderen als dem vorgesehenen Raum untergestellt wurden. Nur wenn dies der Fall war, kann die Adäquanz bejaht werden. Gleichartige Überlegungen sind auch hinsichtlich des oft erwähnten Beispiels anzustellen, in dem jemand durch Verschulden einer anderen Person an der Benutzung eines bestimmten Flugzeuges gehindert wird und dann mit der darauffolgenden Maschine abstürzt. Hier stellt es ebenfalls eine verkürzte Betrachtungsweise dar, wenn man lediglich fragt, ob Flugzeugabstürze im Bereich allgemeiner Lebenserfahrung liegen, was zweifellos bejaht werden kann. Zu prüfen ist vielmehr, ob ex ante gesehen die Gefahr eines solchen Unfalls durch das haftungsbegründende Ereignis erhöht wurde. Da der Luftverkehr grundsätzlich unter einheitlichen Sicherheitsvorkehrungen stattfindet, wäre dies in der Regel nicht der Fall[59]. Je nach Art der Fragestellung erhält man somit ein verschiedenes Ergebnis. Zutreffend ist jedoch allein die Adäquanzbeurteilung, welche auf den Vergleich der einander gegenüberzustellenden Lebenssituation mit und ohne haftungsbegründendes Ereignis gerichtet ist. Nur diese kann eine zutreffende Aussage über die Begünstigungstendenz eines bestimmten Umstandes im Hinblick auf den eingetretenen Erfolg machen.

Daß es gerechtfertigt ist, die Haftung des in Anspruch Genommenen dann auszuschließen, wenn sein Verhalten nach empirischer Feststellung die Gefahr des erlittenen Schadens entweder überhaupt nicht oder nur minimal erhöht hat, ergibt sich daraus, daß von vornherein die Möglichkeit, gerade wegen der Herbeiführung des fraglichen Umstandes von dem konkret erlittenen Vermögensnachteil verschont zu blei-

---
[58] Raiser, Haftungsbegrenzung, 63/64.
[59] Ebenso Lüer, 53; Heuer, 163.

ben, genauso groß bzw. nur ganz geringfügig kleiner war, als die Aussicht, durch sein Hinzutreten, einen derartigen Schaden hinnehmen zu müssen[60]. Im Flugzeugfall stieg der Betreffende infolge der schuldhaft herbeigeführten Verzögerung ausgerechnet in eine Maschine ein, die dann abstürzte. Ebenso gut konnte jedoch das Flugzeug, welches ursprünglich als Transportmittel vorgesehen war, verunglücken, während das später startende ohne Zwischenfall sein Ziel erreicht. Hier wäre der Fahrgast froh gewesen, daß er von einer anderen Person aufgehalten wurde. Da er jedoch nicht verpflichtet ist, dieser dafür eine Belohnung zukommen zu lassen, darf er sie andererseits auch nicht in Anspruch nehmen, wenn sich die Dinge zufälligerweise zu seinen Ungunsten entwickelt haben.

Ist somit klargestellt, daß die Adäquanztheorie in ihrer spezifischen Funktion weder mit dem Element der Billigkeit bzw. dem der Typizität noch im Wege der Ermittlung des absoluten Wahrscheinlichkeitsgrades eines bestimmten Geschehensverlaufs ausreichend beschrieben ist, sondern daß es für sie vielmehr auf das Maß der Begünstigungstendenz zwischen haftungsrelevantem Umstand und eingetretenem Erfolg ankommt, so muß doch noch festgestellt werden, von welcher Basis aus dieses Urteil zu fällen ist. Die von Rümelin[61] vorgeschlagene objektiv nachträgliche Prognose zieht den Kreis der für eine Haftung in Frage kommenden Folgen zu weit. Sie steht in ihrer praktischen Anwendung fast auf dem Boden der Äquivalenztheorie[62]. Es kann nicht sinnvoll sein, auch diejenigen zur Zeit der unerlaubten Handlung tatsächlich vorliegenden Bedingungen in die Adäquitätsprüfung einzubringen, welche erst durch das spätere Geschehen aufgedeckt werden, denn selbstverständlich ist der Mensch nach einem Schadenseingriff klüger als vorher. Die mangelnde Sachgerechtigkeit der Konzeption Rümelins zeigt sich besonders deutlich bei der Lösung des sog. Thomasfalles: Ein Arbeiter ließ beim Beladen eines Schiffes durch unvorsichtige Kranhandhabung eine Kiste fallen. Hierbei explodierte eine Höllenmaschine, die der Versicherungsbetrüger Thomas darin deponiert hatte. Beziet man nun auch diejenigen Umstände in das Adäquanzurteil ein, die erst nachträglich zutage getreten sind — hier das Vorhandensein der Bombe—, so muß man die Haftung des Arbeiters bejahen. Ein solches Ergebnis kann jedoch kaum als billig bezeichnet werden[63]. Es ist daher auf die Situation zum Zeitpunkt der Entstehung des haftungsbegründenden Umstandes abzustellen. Nur diejenigen Bedingungen

---

[60] So auch Kramer JZ 1976, 340 (im Rahmen der Besprechung von OGH ZVR 1969/109).
[61] Rümelin, Zufall, 45.
[62] Zur Kritik vgl. Traeger, 137 ff.
[63] Vgl. Lange, Gutachten, 50; Huber JZ 1969, 679.

sind also für die Frage der Adäquanz relevant, die ex ante erkannt wurden bzw. erkennbar waren. Offen ist jedoch noch, auf wessen Sicht es hierbei ankommt. Der v. Kriesschen Auffassung, wonach die individuelle Erkenntnismöglichkeit des Täters Basis der Zurechnung sein soll[64], ist schon deswegen nicht zu folgen, weil jene auf eine im objektiven Tatbestand unzulässige subjektive Beurteilung hinauslaufen würde. Andererseits kann aber auch die Heranziehung des sog. „optimalen Beobachters"[65] wenig befriedigen. Mit Recht wird geltend gemacht, daß seiner Allwissenheit nahezu nichts verborgen bleibt[66]. Die Konstruktion einer solchen Idealfigur wirkt daher lebensfremd. Das spezifische Anliegen der Adäquanztheorie, zufällige Verknüpfungen zwischen einem bestimmten Ereignis und dem eingetretenen Erfolg vom Verdikt der Haftung auszunehmen, wird am besten erfüllt, wenn man als Maßstab die weitgespannte Voraussicht des „erfahrenen Menschen"[67] zugrunde legt. Als solcher hat der Fachmann auf dem betreffenden Gebiet zu gelten[68]. Kenntnisse, die außerhalb des Denkbereichs dieser Person angesiedelt sind, können von dem Schädiger schwerlich erwartet werden. Da nicht auf die durchschnittliche Vorhersehbarkeit im engeren Verkehrskreis, sondern auf die den Rechtsgenossen als vernunftbegabten Wesen prinzipiell zugängliche menschenmögliche Erfahrung schlechthin abzustellen ist, besteht bei dieser Urteilsbasis auch keine unzulässige Überlagerung zwischen dem Gesichtspunkt der Adäquanz und jenem der objektiven Fahrlässigkeit[69].

Zusammenfassend läßt sich der Inhalt des Adäquanzmerkmals somit folgendermaßen beschreiben. Im Wege einer ex ante-Prognose vom Standpunkt des erfahrenen Beobachters aus sollen diejenigen Verletzungs- und Schadenserfolge nicht dem Verantwortungsbereich der in Anspruch genommenen Person zugerechnet werden, deren Entwicklung das für die Haftungsfrage relevante Ereignis entweder in überhaupt keiner Weise oder aber nur minimal begünstigt hat. Dabei kann die Tatsache, daß hinsichtlich der festzulegenden Untergrenze des zur Bejahung der Adäquität jeweils erforderlichen Quantums an Gefahrerhöhung naturgemäß ein Beurteilungsspielraum besteht, angesichts der vielschichtigen Gestaltung schadensproblematischer Sachverhalte nicht als durchschlagender Einwand gegen die prinzipielle Verwendung des Adäquanzkriteriums angesehen werden[70]. So wie bei zahlreichen an-

---

[64] Vgl. oben S. 64.
[65] Traeger, 159.
[66] Larenz, SR I, 354.
[67] Larenz, SR I, 354.
[68] Deutsch, Haftungsrecht, 148.
[69] Vgl. Deutsch, Haftungsrecht, 148.
[70] So auch Larenz, Festschr. Honig, 82; Weitnauer, Festschr. Oftinger, 337.

deren grundsätzlichen Begriffen des bürgerlichen Rechts ebenfalls eine gewisse Unbestimmtheit in der praktischen Anwendung nicht zu vermeiden ist, muß man auch bezüglich der Adäquanzprüfung in Kauf nehmen, daß jene kein objektiv-schematisches Patentrezept für eine unabhängig von der persönlichen Einstellung des jeweils angerufenen Gerichts stets gleiche Urteilsfindung zu bieten vermag[71].

3. Verhältnis zur Vorstellung vom allgemeinen Lebensrisiko

Sowohl das Adäquanzmerkmal als auch der Gedanke des allgemeinen Lebensrisikos orientieren sich an der Frage, inwieweit die entstandene Schadensfolge auf eine vom haftungsrelevanten Umstand bewirkte Gefahrerhöhung zurückzuführen ist. Dabei unterscheiden sie sich jedoch in zweifacher grundsätzlicher Weise. Zunächst ist festzustellen, daß beide Kriterien hinsichtlich des vorzunehmenden Vergleichs einen stark voneinander abweichenden Ausgangspunkt verwenden. Während die Adäquitätsprüfung das tatsächlich eingetretene Geschehen der Situation gegenüberstellt, wie sie ohne das fragliche Ereignis bestünde[72], wird beim Gedanken des allgemeinen Lebensrisikos untersucht, ob die Möglichkeit, einen rechtlich relevanten Nachteil zu erleiden, im Verhältnis zu dem Gefahrenpotential der vom Betroffenen üblicherweise praktizierten Lebensführung gesteigert wurde. Weiterhin besteht aber auch eine Diskrepanz in der für die Beurteilung jeweils maßgebenden Dimension der Betrachtungsweise. Das Adäquanzkriterium fußt, wie dargestellt[73], auf einer empirisch gewonnenen ex ante-Prognose. Demgegenüber erfolgt die Beantwortung der Frage, ob ein bestimmtes Geschehen dem allgemeinen Lebensrisikobereich unterfällt, im Wege einer nachträglich erstellten normativ ausgerichteten Begutachtung.

Die aufgezeigten Unterschiede machen deutlich, daß Adäquanz und allgemeines Lebensrisiko keine flächengleichen Haftungsbegrenzungselemente sind. Beide haben vielmehr eine selbständige Existenzberechtigung. Erleidet z. B. jemand, der von dem „gutmütigen, zu harmlosem Spiel geneigten" Hund seines Nachbarn angebellt wird und vor Schreck zu Boden stürzt, infolgedessen eine Verletzung[74], so läßt sich zwar feststellen, daß die Gefahr eines solchen Schadens durch das Verhalten des Tieres nicht lediglich minimal gegenüber dem Zustand erhöht wurde, der ansonsten für den Betreffenden bestanden hätte, nämlich die Möglichkeit des ungestörten Umhergehens, daß sich aber andererseits die Einwirkung auf die nervliche Konstitution dieser Person durchaus im Rahmen dessen hielt, was üblicherweise in ihrem Leben auf sie zuzu-

---
[71] BGH NJW 1952, 1010; Wussow, Unfallhaftpflichtrecht, 44.
[72] Vgl. oben S. 70.
[73] Vgl. oben S. 72.
[74] Nach RG JW 1908, 41,

A. Abgrenzung zu anderen Haftungskorrektiven

kommen pflegt. Eine Haftungsbegrenzung wegen fehlender Adäquanz kann somit nicht angenommen werden, jedoch scheiden Ansprüche gegen den Halter des Tieres deswegen aus, weil sich für den Verletzten nur dessen allgemeines Lebensrisiko verwirklicht hat[75]. Genauso liegt es in dem Fall, in dem ein Geschäftsmann schuldhaft daran gehindert wird, pünktlich sein Flugzeug zu erreichen. Versucht nun jener zur Vermeidung größerer finanzieller Verluste, sein Reiseziel mit Hilfe einer Taxe zu erreichen und verunglückt er unterwegs, so kann die Adäquanz zwischen Primäreingriff und entstandenem Folgeschaden dann nicht geleugnet werden, wenn sich statistisch nachweisen läßt, daß die bei einer Kraftfahrzeugbenutzung drohende Verletzungsgefahr um einiges höher ist als die im Luftverkehr zu gewärtigende. Trotzdem muß der Betroffene jedoch seine erlittene Vermögenseinbuße selbst tragen, da er insoweit lediglich einem allgemeinen Lebensrisiko ausgesetzt wurde.

Relativ selten wird in einem Schadensfall die umgekehrte Situation, also Verneinung der Adäquanz und Annahme eines „gesteigerten" Risikos, vorkommen. Hierzu hätte der Geschädigte ohne die Herbeiführung des haftungsrelevanten Umstandes in eine Lage kommen müssen, die, was den Gefährdungsgrad hinsichtlich des eingetretenen Erfolgs anlangt, dem tatsächlich abgelaufenen, üblicherweise nicht mit seinem Leben verbundenen Geschehen in keiner oder nur ganz geringfügiger Weise nachstand. Als Beispiel für diese Konstellation möge folgender Fall dienen: Ein Taxichauffeur wird Zeuge eines Verbrechens. In rasender Fahrt — auch über rote Ampeln — verfolgt er den Täter. Durch Verschulden eines anderen Verkehrsteilnehmers, der die Vorfahrt nicht beachtet hat, ereignet sich ein Unfall. Dabei wird der Taxichauffeur so schwer verletzt, daß er im Sanitätswagen mit Blaulicht und Sirene zum Hospital gebracht werden muß. Auf dem Weg dorthin kommt er bei einem Frontalzusammenstoß ums Leben. In dieser Sachverhaltsgestaltung ist zwar wegen der besonderen Umstände des Krankentransports ein „gesteigertes" Risiko anzunehmen[76], die Haftung des die Vorfahrt mißachtenden Verkehrsteilnehmers für den zweiten Unfall entfällt jedoch wegen mangelnder Adäquanz. Die Möglichkeit, infolge der Kollision des eigenen Pkws mit einem anderen Kfz den Tod zu erleiden, wurde für den Taxichauffeur durch die unerlaubte Handlung nicht erhöht. Eine derartige Entwicklung war im Gegenteil bei Fortsetzung der rasanten Verfolgungsfahrt ex ante sogar wahrscheinlicher als sie es hinsichtlich des Krankentransports gewesen ist.

---

[75] Das RG hatte die Klage mit der Begründung abgewiesen, daß die Kausalverbindung zwischen dem Bellen des Hundes und den durch das Hinfallen erlittenen Verletzungen „für die Rechtsanwendung nicht in Betracht komme, weil sie außerhalb der vom Gesetz gewollten Regelung liege" (JW 1908, 42); vgl. auch Lüer, 139.

[76] Gotzler, 103; Friese, 166.

3. Teil: Dogmatische Einordnung

II. Die Lehre vom Schutzzweck der Norm

1. Historische Entwicklung

Eine übersichtliche Darstellung der Entstehungsgeschichte des Kriteriums vom Schutzzweck der Norm muß sich notgedrungenermaßen mit der Wiedergabe solcher Positionen der Lehre und Judikatur begnügen, die in herausgehobener Weise das wissenschaftliche Meinungsbild zu diesem Problemkreis geprägt und befruchtet haben. Wie kaum auf einem anderen Gebiete des bürgerlichen Rechts hat die dort stattfindende geistige Auseinandersetzung innerhalb kürzester Zeit zu einer gewaltigen Flut von Veröffentlichungen sowohl umfassenderer als auch kleinerer Diskussionsbeiträge geführt. Wollte man nun jeder einzelnen, meist sehr speziellen Entfaltung und Ausformung, welche die Gesamttheorie im Laufe der Zeit seitens der Vielzahl ihrer Verfechter erfahren hat, nachgehen, so würde schon allein die erforderliche Reduktion der verschiedenen Positionen auf eine gemeinsame Basis für den mit dem Gedanken des allgemeinen Lebensrisikos anzustellenden Vergleich den Zuschnitt der vorliegenden Arbeit verlassen. Wesentlich erschwert wäre ein solches Vorhaben auch durch die Tatsache, daß die Autoren bei der Darlegung ihrer Standpunkte häufig keine übereinstimmende Begrifflichkeit zugrunde legen. Wie bereits der Gebrauch solch unterschiedlicher Bezeichnungen wie „Schutz"- bzw. „Normzweck" und „Rechtswidrigkeitszusammenhang" erkennen läßt, herrscht hier in weiten Teilen eine geradezu babylonische Sprachverwirrung[1].

Die Materialien zum Bürgerlichen Gesetzbuch enthalten im Rahmen der Kommentierung des § 823 II BGB den Hinweis, daß aus dem Inhalt der zur Anspruchsbegründung jeweils herangezogenen Schutznorm zu ermitteln sei, welche Interessen durch dieselbe gewahrt werden sollen[2]. In konsequenter Befolgung dieses Leitsatzes untersuchte die Rechtsprechung seither in zahlreichen Fällen, ob sich der Anwendungsbereich der jeweils maßgebenden Vorschrift auch auf die Person des Geschädigten[3], das verletzte Rechtsgut[4] sowie die Art des in concreto erlittenen Eingriffs[5] erstreckte. Während man jene Betrachtungsweise zunächst allein hinsichtlich der vom Gesetzgeber hierfür ausdrücklich vorgesehenen Regelung des § 823 II BGB für richtig hielt, forderten später, etwa mit Beginn der 30er Jahre einsetzend, einflußreiche Teile der Lehre die Anerkennung des Schutzzweckgedankens als allgemeingültiges Haftungs-

---

[1] Vgl. die Aufzählung der gebräuchlichen Begriffe bei Deutsch, Haftungsrecht, 235.
[2] Protokolle II, 571.
[3] Vgl. RGZ 102, 223; BGHZ 22, 293; 28, 359.
[4] Vgl. BGHZ 39, 366.
[5] Vgl. LG Hannover, Recht 1910 Nr. 35; BGH VersR 1978, 921.

A. Abgrenzung zu anderen Haftungskorrektiven

begrenzungsprinzip. Dabei hat der Umstand, daß die Vertreter dieser neuen Idee die theoretischen Vorarbeiten für die Herausbildung ihrer Positionen unterschiedlichen Quellen des ausländischen Rechts entnahmen, im Laufe der Zeit zur Entstehung zweier sich in engagierter wissenschaftlicher Konkurrenz gegenübertretender Schulen geführt.

Inspiriert von den bemerkenswerten Vorstößen österreichischer Autoren, zu nennen sind vor allem Arnim Ehrenzweig[6] und Wilburg[7], haben Nipperdey und Esser ihre Lehrmeinung auf die sog. „Theorie vom Rechtswidrigkeitszusammenhang" gegründet. Sie gehen davon aus, daß sich das Unwerturteil über ein Verhalten stets nur auf eine bestimmte abgrenzbare Menge von möglichen Gefährdungsarten bezieht. Stelle der eingetretene Erfolg die Verwirklichung eines außerhalb dieses Bereichs liegenden Risikos dar, so sei die Handlung in Relation zur Person des Geschädigten, des verletzten Interesses und der Art und Weise des Eingriffs entweder erlaubt[8] oder aber zwar verboten, insoweit jedoch haftungsrechtlich irrelevant[9].

In Abweichung davon will die zweite, von angloamerikanischer Seite beeinflußte Richtung den einer Norm innewohnenden Schutzzweck nicht nur in den Fällen berücksichtigt wissen, bei denen das Vorhandensein möglicher Ersatzansprüche von einem Verstoß der in Anspruch genommenen Person gegen die Rechtsordnung abhängig ist, sondern sie erkennt ihm darüber hinaus auch für das Gebiet der Gefährdungshaftung volle Geltung zu. Hier müsse ebenfalls die Frage gestellt und beantwortet werden, ob die Norm, auf welche sich der Geschädigte stütze, zum Ausgleich des entstandenen Schadens statuiert worden sei[10]. Ausgangspunkt und Anstoß für diese Auffassung waren rechtsvergleichende Untersuchungen Rabels zur Problematik des Warenkaufs[11]. Er stellte fest, daß im angelsächsischen Rechtskreis die Kriterien für eine Haftungsbegrenzung bei Vertragsverletzungen nicht aus dem Begriff der Ursächlichkeit, sondern aus dem Kontrakt selbst und der mit ihm getroffenen Regelung des Parteiinteresses entwickelt wurden. Dort hatte man erkannt, daß es wenig sinnvoll ist, einerseits die Ausdeutung der primären vertraglichen Pflichten nach dem Zweck der getroffenen Vereinbarung zu bestimmen, andererseits aber die Festlegung der sekundären Verbindlichkeiten hiervon unabhängig zu gestalten[12]. Bereits

---
[6] Ehrenzweig, System des österreichischen allgemeinen Privatrechts, 1928.
[7] Wilburg, Die Elemente des Schadensrechts, 1941.
[8] So Esser, 311; Esser / Schmidt, SR I, Tbd. 2, 186.
[9] So Enneccerus / Nipperdey, 1278/1279 m. Nachw.; Basis hierfür ist die Erkenntnis, daß dem Rechtswidrigkeitsurteil absolute Geltungskraft zukommt (vgl. Münzberg, 120 ff.).
[10] Vgl. Lange JZ 1976, 202.
[11] Rabel, Das Recht des Warenkaufs, 1936.
[12] Rabel, 495.

Rabel erweiterte den Anwendungsbereich des Schutzzweckgedankens dann über das zunächst allein ins Auge gefaßte Kontraktsrecht hinaus auf das Gebiet des gesetzlich geregelten Schadensausgleichs[13]. Nachdem seine Position vorübergehend etwas in Vergessenheit geraten war, wurde sie 1956 durch v. Caemmerer erneut in den Blickpunkt des juristischen Interesses gerückt. Auch v. Caemmerer hielt es, vor allem angesichts der ständig fragwürdiger werdenden Versuche, Haftungsbeschränkungen ausschließlich mit Hilfe des Adäquanzkriteriums vorzunehmen, für dringend geboten, den Gesichtspunkt des Normzwecks als maßgebendes Korrektiv nutzbar zu machen. Dabei solle nicht nur die in der konkreten Vorschrift zum Ausdruck gebrachte Zielrichtung berücksichtigt werden, sondern es seien zusätzlich noch Sinn und Bedeutung des Schadensersatzes insgesamt in die Beurteilung einzubringen[14]. Letzterem hat in erster Linie Thomas Raiser widersprochen[15]. Seiner Ansicht nach darf allein diejenige Begrenzung der Haftung mit dem Schutzzweck der Norm begründet werden, „welche aus der im verletzten Gesetz oder Vertrag festgelegten Wert- oder Interessenentscheidung folgt, ohne daß darin nicht enthaltene Kriterien und Wertungen zusätzlich mit herangezogen werden"[16].

Im Jahre 1960 beschäftigte sich der 43. Deutsche Juristentag mit dem dargestellten Problemkreis. Ihm lag als herausragende Diskussionsgrundlage ein bereits an anderer Stelle[17] erwähntes Gutachten Hermann Langes vor, welches abschließend die — vom Kongreß allerdings nicht in seine endgültige Beschlußfassung aufgenommene — Empfehlung enthielt, für den Umfang der Schadensersatzpflicht „auf die Tragweite der verletzten Norm" abzustellen[18]. Erachtete noch Lange die Ermittlung des Schutzzwecks der anspruchsbegründenden Vorschrift für umfassend notwendig und möglich — entscheidend sei allein, ob man sich die verletzte Pflicht bei vernünftiger Betrachtung als auch mit Rücksicht auf die eingetretene Folge aufgestellt denken könne[19] —, so wurde in den Arbeiten zweier anderer namhafter Autoren bezüglich des Anwendungsbereichs jenes Kriteriums eine grundsätzliche Differenzierung vorgenommen. Während J. G. Wolf der Zielrichtung einer Norm lediglich Bedeutung für Folgeschäden zuerkannte[20], vertrat Stoll die Auffassung, daß gerade diese Nachteile keiner Schutzzweckbetrachtung

---

[13] Rabel, 502.
[14] v. Caemmerer, Kausalzusammenhang, 16; derselbe, DAR 1970, 287.
[15] Raiser, Haftungsbegrenzung, 17/18; ebenso Bick, 206.
[16] Raiser, Haftungsbegrenzung, 19.
[17] Vgl. oben S. 21/22.
[18] Lange, Gutachten, 60.
[19] Lange, Gutachten, 50.
[20] Wolf, 45, 47.

zugänglich seien. Sie hingen vielmehr „hauptsächlich von der Bewertung der Gefahrenlage ab, die der Täter mit dem Eingriff in das zunächst verletzte Rechtsgut verantwortlich geschaffen" habe[21]. Daß die Anspruchsbegrenzung im Falle von Folgeschäden nicht ohne Schwierigkeiten mit der für die jeweils einschlägige Vorschrift getroffenen Interessenabwägung begründet werden kann, hat im Ergebnis auch Huber angenommen, der seine sog. „Gefahrbereichstheorie" zwar formal der Schutzzwecklehre eingegliedert hat[22], inhaltlich jedoch einen anderen Ausgangspunkt wählte. Nach ihm kommt es bei der Haftungsausfüllung allein darauf an, ob der entstandene Nachteil „ein spezifisches durch die Rechtsgutverletzung gesetztes Risiko verwirklicht hat"[23].

Von Heuer stammt der Versuch, für die Begriffe „Schutz"- und „Normzweck" eine allgemeinverbindliche Terminologie zu entwickeln. Er differenziert zwischen einer Betrachtungsweise, die umfassend nach Sinn und Funktion der jeweils in Betracht kommenden Haftungsbestimmung, z. B. des § 823 I BGB, fragt — damit soll der sog. „Normzweck" angesprochen sein[24] —, und einer solchen, bei der lediglich die schadensverhütende Bedeutung der im Einzelfall hinter den anspruchsbegründenden Vorschriften stehenden konkreten Verhaltensregeln, z. B. Tempo 50 in Ortschaften, Gegenstand der Untersuchung ist — hierfür gebraucht Heuer den Ausdruck „Schutzzweck"[25] —. Die von ihm vorgeschlagene Unterscheidung hat sich in der allgemeinen Diskussion bisher jedoch noch nicht durchsetzen können. Da bei den in der Regel praxisbezogenen Stellungnahmen zu diesem Problembereich überwiegend allein die Auseinandersetzung mit dem gemeinsamen Grundgedanken der einzelnen Formulierungen im Vordergrund stand, hat man die Begriffe „Schutz"- und „Normzweck" sowie „Rechtswidrigkeitszusammenhang" sehr oft einfach synonym verwendet[26].

Daß die Zielrichtung einer Norm allgemeingültiges Prinzip der Haftungsbegrenzung ist, hat der BGH durch seinen VI. Zivilsenat erstmals 1958 festgestellt[27]. Er machte sich dabei die bereits in v. Caemmerers Freiburger Rektoratsrede entwickelten Grundsätze zu eigen. Erstaunlicherweise geschah dieser dogmatische Vorstoß unter dem unmittelbaren Eindruck einer Entscheidung des IV. Zivilsenats, der noch wenige

---

[21] Stoll, Kausalzusammenhang, 14.
[22] Huber JZ 1969, 681.
[23] Huber JZ 1969, 683.
[24] Heuer, 147.
[25] Heuer, 92.
[26] So z. B. BGH NJW 1968, 2288; LG Stuttgart VersR 1973, 649; Friese, 37; Staudinger / Schäfer v. § 823 Rdz. 79; Schickedanz NJW 1971, 917; vgl. auch Lange JZ 1976, 202; Deutsch, Haftungsrecht, 235.
[27] BGHZ 27, 137.

80   3. Teil: Dogmatische Einordnung

Monate zuvor die Auffassung vertreten hatte, daß die Berücksichtigung des Schutzzwecks nicht geeignet sei, den Umfang der Ersatzpflicht zu begrenzen[28]. Mit der hiervon abweichenden Beurteilung des VI. Senats leitete der BGH eine Rechtsprechung ein, die in der Folgezeit bei den verschiedenartigsten Sachverhaltsgestaltungen einen über das Adäquanzkriterium hinausführenden Weg zu wirksamer Haftungsbeschränkung aufzeigte[29]. Hieran hat er bis heute festgehalten[30].

In der Literatur sind gegenwärtig die Anhänger des Grundgedankens vom Schutzzweck der Norm in der Überzahl[31]. Sie tragen Meinungsverschiedenheiten im wesentlichen nur hinsichtlich der inhaltlichen Festlegung jenes Kriteriums, sowie seiner Stellung zu anderen Haftungsbegrenzungselementen, besonders der Adäquanztheorie, aus. Prinzipiell ablehnend stehen der Berücksichtigung des präventiven Sinngehalts einer Bestimmung als allgemeingültigem Wertungsmaßstab dagegen vor allem diejenigen Vertreter der Lehre gegenüber, welche das Problem der sachlichen Präzisierung des Kriteriums für noch nicht ausreichend gelöst halten und aus diesem Grunde anderen, ihrer Auffassung nach eine größere Rechtssicherheit vermittelnden Merkmalen den Vorzug geben[32].

2. Funktion und Anwendungsbereich

Die Gegenüberstellung des Gedankens vom allgemeinen Lebensrisiko mit dem in diesem Abschnitt behandelten, auf die Zielrichtung bestimmter Regelungen abstellenden Haftungsbegrenzungselement erfordert angesichts der geschilderten vielfältigen Modifizierungen, die jenes Merkmal im Laufe der Zeit erfahren hat, den Versuch einer ebenso genauen inhaltlichen Klärung, wie das im Rahmen der Adäquanzbetrachtung der Fall gewesen ist. Wäre beispielsweise der Schutzzweck einer Norm immer auch gleichzeitig von solchen Erwägungen abhängig, die nach der Funktion des Schadensersatzrechts insgesamt fragen[33], so

---
[28] BGHZ 26, 224.
[29] BGHZ 30, 154; 32, 194; 41, 123; BGH JZ 1969, 702; BGH NJW 1972, 904.
[30] BGH NJW 1977, 2265; NJW 1978, 2028; NJW 1978, 2036.
[31] Vgl. z. B. Kötz, Deliktsrecht, 74; Deutsch, Haftungsrecht, 234; Lange JZ 1976, 201; Kramer JZ 1976, 338 ff.; Palandt/Heinrichs v. § 249 Rdz. 5 c; Larenz, SR I, 358 (allerdings mit Bedenken); Brox, Rdz. 331 ff., Niebaum, 40; Köbler, SR, 42; Geigel, 6; Görgens JuS 1977, 712; Fikentscher (S. 251) hält die Überlegung, daß nur solche Schäden zu ersetzen sind, die innerhalb des Bereichs der verletzten Norm liegen, für „schlechthin überzeugend".
[32] Friese, 46 ff., 62; Lüer, 99 f.; Rother, Haftungsbeschränkung, 12 f.; Lorenz-Meyer, 22, 24; Keuk, 224 ff.; Schickedanz NJW 1971, 920 spricht von der Gefahr eines „asylum ignorantiae der Rechtsprechung"; kritisch auch Erman/Sirp § 249 Rdz. 28.
[33] So z. B. v. Caemmerer, Kausalsammenhang, 16; DAR 1970, 287; Palandt/Heinrichs v. § 249 Rdz. 5 c gg.

könnte man sich gut vorstellen, daß der Gedanke des allgemeinen Lebensrisikos hierin seinen systematischen Platz finden würde. Er hätte dann nicht die Position eines selbständigen Haftungsbegrenzungselements, sondern wäre notwendige Ingredienz der ihm übergeordneten Schutzzweckprüfung. Andererseits wiederum scheint die Idee vom allgemeinen Lebensrisiko eher dann ein dogmatisches Eigenleben zu führen, wenn man lediglich die spezielle Zielrichtung des hinter der einzelnen Anspruchsbestimmung stehenden Ge- bzw. Verbots in die Untersuchung einbezieht[34].

Ausgangspunkt der vorzunehmenden inhaltlichen Präzisierung ist die Frage nach den allgemeinen Zwecken schadensersatzrechtlicher Normen. Dabei offenbart sich ein fundamentaler Unterschied zwischen den Bestimmungen der Verschuldens- und denjenigen der Gefährdungshaftung. Während erstere bereits die bedrohliche Annäherung an ein fremdes Recht oder Gut verhindern wollen, nehmen letztere diese Sachlage im Interesse des allgemeinen technischen Fortschritts bewußt in Kauf und statuieren lediglich für den Fall des Schadenseintritts Ersatzpflichten[35]. Die Normen der Gefährdungshaftung zielen somit nicht unmittelbar auf die Erhaltung der vorhandenen Rechtsgüter ab, sondern sie wollen ausschließlich dafür sorgen, daß dem jeweils Betroffenen die im Zusammenhang mit einem bestimmten Betriebsvorgang eingetretenen Vermögensnachteile vom Nutznießer der Anlage abgenommen werden. Zwar wird mit der Zuweisung des Haftungsrisikos an den Unternehmer faktisch der Anstoß dazu gegeben, diesen Teil der Kosten gering zu halten, was möglichst wirksame Anstrengungen in Richtung auf die Verhütung potentieller Schäden bedingt[36], „bis zum rechtlichen Zweck ist jener psychologische Anreiz aber nicht sublimiert"[37]. Im Unterschied hierzu kommt den Bestimmungen der Verschuldenshaftung echte Präventivfunktion zu. Sie tragen dem Umstand Rechnung, daß die „Beachtung der körperlichen und seelischen Integrität einer Person sowie die Erhaltung der vorhandenen Güter und Interessen ein allgemeines Anliegen der menschlichen Gesellschaft" ist[38]. Aus diesem Grunde postulieren sie zahlreiche Verhaltensregeln, welche die Gefährdung jener Werte verhindern sollen. Bei einem vorwerfbaren Verstoß gegen die aufgestellten Ordnungsprinzipien muß, sofern daraus ein Schaden entstanden ist, Ersatz geleistet werden. Die Vorschriften der Unrechts-

---

[34] So z. B. Bydlinski, 63; Huber, Festschr. Wahl, 313; Rödig, 54 ff.
[35] Heuer, 145.
[36] Deutsch, Haftungsrecht, 77 spricht insoweit von „betriebswirtschaftlicher Prävention".
[37] Deutsch, Haftungsrecht, 77.
[38] Lorenz-Meyer, 57.

haftung sind demnach sog. „Doppelnormen"[39]. Sie verfolgen sowohl einen präventiven — als auch einen Ausgleichszweck[40].

Will man dem Haftungsbegrenzungselement „Schutzzweck der Norm" eine weitergehende Funktion beilegen als die Betonung des selbstverständlichen Grundsatzes, wonach entsprechend dem Gebot „ne ultra legem restituetur" bei jeder Auslegung einer Vorschrift der Gesetzeszweck mit zu berücksichtigen ist, so muß jenes Kriterium in seinem sachlichen Anwendungsbereich spezieller gefaßt werden. Maßgebend hat dann nicht zu sein, ob die in Betracht kommende Anspruchsbestimmung nach Sinn und Geist des schadensersatzrechtlichen Gesamtgefüges den jeweils erlittenen Vermögensnachteil „ausgleichen" will, sondern es ist festzustellen, ob der Entstehung des konkret eingetretenen Verletzungserfolgs nach der besonderen Zielrichtung des in der Norm enthaltenen Ver- oder Gebots „vorgebeugt" werden sollte[41]. Eine derartige Beurteilungsweise ist vor allem im Interesse einer klaren Abgrenzung der verschiedenen Haftungsbegrenzungsmomente dringend geboten. So liegt z. B. der Adäquanzprüfung ohne Zweifel ebenfalls die grundsätzliche Frage nach dem Telos des Schadensausgleichs zugrunde. Es entspricht nämlich nicht dem allgemeinen Zweck der Ersatznormen, daß dem Betroffenen auch im Falle des absoluten Zufalls Ansprüche zur Deckung seiner Verluste gewährt werden sollen[42]. Hierbei handelt es sich jedoch um einen für alle Vorschriften gleichermaßen geltenden und daher übergeordneten Gesichtspunkt. Eine spezielle Zielrichtung kommt darin nicht zum Ausdruck[43]. Das gleiche gilt für die systematische Qualifikation der sog. lex specialis-Regel. Zu Recht hat der BGH seine Entscheidung, daß der Verletzte die durch Anschließung als Nebenkläger im Strafprozeß gegen den später freigesprochenen Delinquenten entstandenen Aufwendungen nicht unter dem Gesichtspunkt des Schadensersatzes erstattet verlangen kann, unabhängig von Erwägungen über die Präventivfunktion des § 823 I BGB getroffen[44]. Die abschließende Bedeutung der strafprozeßualen Auslagenregelung entfaltet nämlich Wirkung für den Gesamtkomplex der zivilrechtlichen Anspruchsgrundlagen. Stellte man auch in diesen Fällen auf den Aspekt des Schutzzwecks der Norm als maßgebendes Haftungsbegrenzungsmoment ab, so würde der präzise Gedanke dieses Kriteriums aufgegeben und vorher schärfere Konturen wieder verwischt[45]. Man hätte es dann nur noch mit

---

[39] Friese, 46.
[40] Deutsch, Haftungsrecht, 8.
[41] So schon die Protokolle (II, 571) zu § 823 II BGB.
[42] Lange, Gutachten, 59; Kramer JZ 1976, 342.
[43] Vgl. Wilburg, Referat, C8/C9.
[44] BGHZ 24, 263; zustimmend: Staudinger / Schäfer v. § 823 Rdz. 86; a. A. v. Caemmerer DAR 1970, 286.
[45] Vgl. Raiser, Haftungsbegrenzung, 20; Schickedanz NJW 1971, 920.

einer als Oberbegriff für speziellere Überlegungen fungierenden Sammelbezeichnung ohne eigene Aussagekraft zu tun.

Zwangsläufige Folge der aus den genannten Gründen für erforderlich gehaltenen Konkretisierung des Schutzzweckgedankens auf die Ermittlung des Zielbereichs der den jeweiligen Anspruchsnormen innewohnenden Verhaltensregeln ist aber die Erkenntnis, daß diese Möglichkeit der Schadensbegrenzung ausschließlich für den Bereich der Unrechtshaftung relevant sein kann; denn, wie bereits ausgeführt, wird nur innerhalb jenes Normengefüges mittels Ge- und Verboten nach einer Garantie der vorhandenen Güter getrachtet. Dagegen entfaltet das bei den Bestimmungen der Gefährdungshaftung weitestgehend als entscheidend angesehene Element der „spezifischen Gefahrverwirklichung"[46] sein haftungsbegrenzendes Wesen lediglich im Hinblick auf die dort allein angestrebte gesetzliche Ausgleichsfunktion. Schutzzweckerwägungen werden insoweit nicht angestellt[47].

Die in den einzelnen Vorschriften der Unrechtshaftung angelegten präventiv wirkenden Verhaltensregeln[48] weisen je nach Stellung der Mutternorm verschiedenartige Charakteristiken auf. So geht es etwa im Kontraktsrecht immer um Pflichten, die zwischen den vertragsschließenden Personen vereinbart wurden. Hier erschwert die Tatsache, daß die Parteien, loyalerweise zunächst von einer geordneten Abwicklung der Verhältnisse ausgehend[49], bei der Gestaltung ihrer Beziehungen in der Regel mehr das Erfüllungs- als das Erhaltungsinteresse im Auge haben, die Ermittlung des relevanten Schutzzwecks nicht unerheblich. Nur wenn die Zielrichtung sog. Zusatzvereinbarungen in Frage steht, Hauptanwendungsfall § 463 BGB, läßt sich ein klareres Urteil über den beabsichtigten Umfang der einzelnen Vertragspflicht gewinnen.

Diese speziellen, allein zwischen bestimmten Personen bedeutungsvollen Schadensmöglichkeiten werden überlagert von dem „Makrokosmos" an Gefahren, den das menschliche Sozialleben insgesamt darstellt[50]. In der hierfür grundlegenden Ausgleichsvorschrift des § 823 BGB haben die maßgebenden Verhaltensnormen einmal die Gestalt sog. Schutzgesetze angenommen (Abs. II), zum anderen treten sie als allgemeine Verkehrspflichten in Erscheinung (Abs. I). Die Besonderheit des zweiten Falles besteht darin, daß die konkrete Ge- bzw. Verbotsvorschrift, für

---

[46] So schon Traeger. 300; vgl. heute Deutsch, Haftungsrecht, 373 m. w. Nachw.
[47] a. A. der BGH (vgl. z. B. BGH NJW 1977, 2158, wo das Gericht vom Schutzzweck des § 833 BGB, also einer Norm der Gefährdungshaftung, spricht); ebenso Kötz, Deliktsrecht, 159.
[48] Deutsch (Haftungsrecht, 41) bezeichnet diese als „Tatbestandsnormen".
[49] Vgl. Raiser, Haftungsbegrenzung, 24.
[50] v. Schenck, 263.

welche sich das Problem der zu ermittelnden Zielrichtung stellt, in der Regel nicht ausdrücklich niedergelegt ist, sondern erst von dem zur Rechtsfindung Berufenen selbst entwickelt werden muß[51]. Dabei bedarf der Klärung, ob die jeweilige Verhaltensnorm auf dem Weg über die Konkretisierung der Pflicht zur verkehrserforderlichen Sorgfalt i. S. d. § 276 I 2 BGB zu gewinnen ist[52], oder ob sie sich unabhängig vom Erfahrungshorizont der für die Person des Täters bestimmenden sozialen Gruppe allein aus dem objektiven Interesse der Rechtsordnung ableitet[53]. Richtig erscheint die letztere Position, da der ungestörte Ablauf des allgemeinen sozialen Lebens zunächst einen möglichst strengen Maßstab erfordert. Eine andere Frage ist dann, inwieweit dem Schädiger sein Verhalten vorzuwerfen ist. Erst an dieser Stelle darf der Gedanke der zivilrechtlichen Fahrlässigkeit Gewicht bekommen. Die Beantwortung der Frage, wann wesentliche Belange der Rechtsgemeinschaft die Statuierung bestimmter Verkehrspflichten erfordern, richtet sich in erster Linie nach der Vorhersehbarkeit möglicher Gefährdungen, dem Sozialwert der vorgenommenen Handlung, der Schwere drohender Rechtsgutsverletzungen, dem Grad ihrer Wahrscheinlichkeit sowie der Zumutbarkeit möglicher Sicherungsvorkehrungen[54].

Neben den Verhaltensregeln, die hinter den Schadensersatznormen des Kontraktsrechts bzw. des § 823 I und II BGB stehen, verdienen noch diejenigen Ge- und Verbote eine gesonderte Erwähnung, welche die Vorschrift des § 839 BGB ausfüllen. Hier wird der Beeinträchtigung von Werten und Interessen durch die Festsetzung sog. Amtspflichten vorgebeugt, was ebenfalls die Berücksichtigung von Schutzzweckerwägungen erforderlich macht.

Welche sachlichen Kriterien für die Ermittlung der präventiven Zielrichtung der verschiedenen Verhaltensnormen maßgebend sind, bestimmt sich nach allgemeinen Auslegungsgrundsätzen[55]. Dabei ergibt sich die Besonderheit, daß nur in begrenztem Umfang, etwa bei den Schutzgesetzen und den schriftlich niedergelegten Amtspflichten, auf historische und systematische Erwägungen zurückgegriffen werden kann. Im Vordergrund steht vielmehr regelmäßig der teleologische Aspekt, also die Frage nach Sinn und Bedeutung der jeweiligen Ver- bzw. Gebotsvorschrift. Ohne Zweifel dient hierfür die Formulierung Hermann

---

[51] Stoll, Kausalzusammenhang, 15; Kötz, Deliktsrecht, 75/76; Mertens / Reeb JuS 1971, 525; Kramer JZ 1976, 339, Fußn. 12.
[52] So etwa Nipperdey NJW 1957, 1778; Huber, Festschr. Wahl, 302, 313; Kollhosser JuS 1969, 512.
[53] So etwa Münzberg, 348 f.; Niebaum, 50; Soergel / Zeuner § 823 Rdz. 6; vgl. auch BGH VersR 1956, 420.
[54] Stoll, Festschr. Dölle I, 394; Gotzler, 64.
[55] Vgl. dazu umfassend Schmiedel, 140 ff.; außerdem Gotzler, 151 ff.; Knöpfle NJW 1967, 697 ff.

A. Abgrenzung zu anderen Haftungskorrektiven

Langes, es sei festzustellen, ob man sich die verletzte Pflicht bei vernünftiger Betrachtung als auch mit Rücksicht auf den eingetretenen Erfolg statuiert denken könne[56], als eine erste Orientierungshilfe. Für die endgültige Beurteilung des Schutzzwecks müssen allerdings konkretere Gesichtspunkte herangezogen werden. Dazu leisten besonders die Kriterien „Eignung", „Können" und „Interessenbestand" hilfreiche Dienste[57]. Verhaltensnormen, die schon typischerweise gar nicht in der Lage sind, Erfolge der eingetretenen Art zu verhindern, wollen deren Schutz wohl in aller Regel auch kaum bezwecken. Genauso scheidet eine auf den konkreten Schaden bezogene Zielrichtung aus, wenn sich der erlittene Nachteil bei pflichtgemäßem Verhalten ebenfalls eingestellt hätte. So will beispielsweise das Gebot des „Fahrens auf Sicht" schwerlich zugleich davor schützen, daß völlig überraschend auf die Straße tretende Personen nicht verletzt werden. Hier besteht für den Lenker auch bei einer den Vorschriften entsprechenden Handlungsweise keine Möglichkeit, eine Kollision zu vermeiden. Daß schließlich die Beschaffenheit des jeweiligen Interessengefüges für die Ermittlung des präventiven Normzwecks eine erhebliche Rolle spielt, zeigt sich besonders deutlich bei der Analyse vertraglicher Verhaltensregeln. Dazu sei folgendes Beispiel angeführt[58]. Ein Spediteur hatte Zucker kontraktswidrig auf der „Potsdam" statt auf der „Adamant" nach Valparaiso verschifft. Während die „Potsdam" den Bestimmungshafen erreichte, ging die „Adamant" unter. Da die Preise für Süßstoffe plötzlich erheblich gefallen waren, erzielte der Händler beim Verkauf seiner Ware nunmehr einen geringeren Erlös als denjenigen, welchen er im Falle der Vernichtung des Zuckers von der Versicherung erhalten hätte. Hier offenbart die Erforschung der bei Vertragsschluß vorhandenen Parteiinteressen, daß es dem Händler, der zum Zeitpunkt der Absprache von der ungünstigen Marktlage noch nichts wußte, zunächst allein darum gegangen ist, seine Ware so schnell und sicher wie möglich transportieren zu lassen. Daß er für die Überfahrt die „Adamant" bestimmte, geschah daher nicht mit dem Ziel, in den Genuß der möglicherweise durch Untergang des Zuckers fälligen Versicherungssumme zu gelangen, sondern gerade umgekehrt deswegen, weil er in dieses Schiff größeres Vertrauen hinsichtlich einer ordnungsgemäßen Beförderung setzte als in die „Potsdam"[59]. Der ihm entstandene Verlust war demnach nicht vom präventiven Normzweck der verletzten Vereinbarung umfaßt.

---
[56] Lange, Gutachten, 50.
[57] Gotzler, 152.
[58] Vgl. RGZ 28, 159.
[59] Zu Recht stellte das RG (S. 161) fest: Als Vertragswille und Vertragsinhalt kann nur anerkannt werden, daß der Zucker mit dem Segler „Adamant" nach Valparaiso befördert wurde, nicht aber, daß er mit demselben untergehe.; zustimmend: Esser/Schmidt, SR I, Tbd. 2, 187; Lange JZ 1976, 202, Fußn. 65.

Insgesamt gesehen läßt sich feststellen, daß der Anwendungsbereich des jeweils in Frage stehenden Ge- bzw. Verbots selten klar und eindeutig zutage tritt[60]. Dies gilt in besonderem Maße für die ungeschriebenen Verkehrspflichten des § 823 I BGB[61]. Grundsätzlich kann man allerdings davon ausgehen, daß jede Vorschrift nach größtmöglicher Wirkung und allgemeinster Verwendbarkeit strebt[62]. Wird daher ein bestimmtes Interesse von ihr tatsächlich gewahrt, so indiziert dieser Umstand auch zunächst einmal die Absicht, solchen Schutz zu bezwecken. Eine zwingende Beweisführung in Richtung auf gegenteilige Vorstellungen des Normgebers muß ihre Überzeugungskraft dann erst noch aus der Existenz positiv herauszufindender, erkennbar von dem allgemeinen Grundsatz abweichender Anhaltspunkte schöpfen[63].

Bei der Prüfung, ob der Geschädigte für den von ihm erlittenen Nachteil unter dem Gesichtspunkt der Schutzrichtung einer bestimmten Verhaltensregel Ersatz verlangen kann, sind stets vier Gedankenschritte zu unterscheiden:

Zunächst ist von Bedeutung, ob aus dem verletzten Ge- oder Verbot überhaupt subjektive Rechte hergeleitet werden können. Dies ist für alle jene Bestimmungen auszuschließen, die nur die Allgemeinheit, insbesondere den Staat schützen sollen, selbst wenn sie mittelbar auch dem einzelnen zugute kommen können[64]. Im Rahmen des § 823 II BGB sind als solche etwa die Strafvorschriften über Hoch- und Landesverrat anzusehen; bei § 839 BGB ist denkbar, daß gewisse Dienst- und Verwaltungsanordnungen nur das reibungslose Funktionieren des innerbehördlichen Betriebs regeln wollen.

Steht fest, daß die betreffende Norm prinzipiell die Geltendmachung ersatzrechtlicher Ansprüche ermöglichen will, so muß ermittelt werden, ob gerade der Geschädigte zum Kreis der Personen gehört, für die ein Schutz ihrer Güter bezweckt ist[65]. So will z. B. § 248 b StGB lediglich den Gebrauchsberechtigten vor der unbefugten Inbetriebnahme seines Fahrzeugs bewahren, nicht aber soll mit der Vorschrift möglichen Unfallverletzungen gewöhnlicher Verkehrsteilnehmer vorgebeugt werden[66]. Oder, die in § 823 I BGB angelegte Pflicht, ein schadhaftes Treppengeländer zu reparieren, dient allein der Sicherheit solcher Personen,

---
[60] Raiser, Haftungsbegrenzung, 29; Görgens JuS 1977, 712; Wilburg, Referat, C 7.
[61] Kötz, Deliktsrecht, 76.
[62] Rother, Haftungsbeschränkung, 18/19.
[63] Raiser JZ 1963, 464; vgl. auch Mertens / Reeb JuS 1971, 588; Rother, Haftungsbeschränkung, 18.
[64] Vgl. BGHZ 12, 146; Kötz, Deliktsrecht, 83; Palandt / Thomas § 823 Rdz. 9 b; Staudinger / Schäfer § 823 Rdz. 511.
[65] Larenz, SR II, 547; Buchner / Roth, 95.
[66] BGHZ 22, 293.

A. Abgrenzung zu anderen Haftungskorrektiven

die sich berechtigterweise im Hause befinden, keinesfalls dagegen soll sich der nächtliche Einbrecher auf dieses Gebot berufen dürfen[67].

Fraglich kann weiterhin sein, ob die auszudeutende Verhaltensnorm auch im Hinblick auf das im konkreten Fall verletzte Interesse statuiert wurde[68]. § 330 StGB etwa bezweckt, ebenso wie die Pflicht zur ordnungsgemäßen Prüfung der für ein Bauvorhaben eingereichten Pläne und statischen Berechnungen durch die Aufsichtsbehörde, Schutz vor Gefahren für Leben und Gesundheit, die infolge einer Verletzung allgemeingültiger Regeln der Baukunst entstehen. Wer hierdurch lediglich einen Sach- oder Vermögensschaden erlitten hat, kann Ersatzansprüche weder auf § 823 II BGB i. V. m. § 330 StGB[69] noch auf § 839 BGB i. V. m. Art. 34 GG[70] stützen.

Schließlich bedarf noch der Prüfung, ob die jeweilige Struktur des Schadenseintritts mit der speziellen Zielrichtung von Schutzgesetz, Vertrags-, Amts- oder Verkehrspflicht in Einklang steht. Eine solche Sachlage ist nicht gegeben, wenn der erlittene Nachteil zwar die ins Auge gefaßten Personen und Rechtsgüter betroffen hat, seine Entstehung jedoch auf eine Art und Weise hervorgerufen wurde, wie sie von der konkreten Ge- bzw. Verbotsnorm nicht verhindert werden sollte[71]. Vereinbart z. B. ein Lagerhalter mit seinem Kunden, dessen gegen Feuchtigkeit sehr empfindliche Ware „absolut trocken" unterzubringen, so wird nach dem erkennbaren Sinn des Vertrages damit allein ein Schutz vor Luft- oder Bodenfeuchtigkeit angestrebt, nicht aber zielt die getroffene Regelung auch auf die Möglichkeit ab, daß die verwahrten Güter durch plötzlich eintretendes Hochwasser beschädigt werden[72]. Oder, die gesetzliche Bestimmung aus dem Jahre 1903, wonach eine gewerbliche Beschäftigung von Kindern nach 20 Uhr verboten war, wollte lediglich den Gefahren der Überanstrengung vorbeugen, dagegen lag ihr nicht die Intention zugrunde, auch die Entstehung solcher körperlicher Schädigungen zu unterbinden, die während der unzulässig verlängerten Berufsausübung durch fahrlässiges Verhalten anderer Personen herbeigeführt wurden[73].

---

[67] Kötz, Deliktsrecht, 118.
[68] Vgl. Erman / Drees § 823 Rdz. 131; Lange JZ 1976, 203. Gelegentlich wird dieser Problemkreis von der entgegengesetzten Seite angegangen, wenn vom „Schutzbereich" eines bestimmten Rechts die Rede ist. In diesem Fall wird festgestellt, wie umfänglich ein Gut oder Interesse (z. B. das Recht am eingerichteten und ausgeübten Gewerbebetrieb) vor schädigenden Eingriffen bewahrt werden soll. Vgl. hierzu Raiser, Haftungsbegrenzung, 11/12.
[69] BGHZ 39, 366.
[70] BGHZ 65, 200.
[71] Vgl. Kötz, Deliktsrecht, 119; Köbler, SR, 477.
[72] RGZ 42, 291; Raiser, Haftungsbegrenzung, 63.
[73] LG Hannover, Recht 1910, 36; Vgl. neuerdings auch BGH VersR 1978, 921, wonach § 3 JSchöG den Jugendlichen nicht auch vor Verletzungen schützen

Von wesentlicher Bedeutung für die inhaltliche Präzisierung des Schutzzweckkriteriums ist zuletzt noch die Frage, ob dieses Merkmal nur für primäre, nur für sekundäre, d. h. kausal aus ersteren abgeleitete, oder für beide Erfolgsarten gleichermaßen aussagekräftig ist. Beliebtes Anschauungsmaterial zur Illustration der darin liegenden Problematik sind solche Sachverhalte, in denen jemand durch eine zusammenhängende Kette von Ereignissen auf vielfache Art und Weise in seinem Interessenbestand beeinträchtigt wird. Als Beispiel hierfür möge nachstehender — zugegebenermaßen aus Gründen einer intensiveren Darstellung stark überzeichneter — Fall dienen[74]. Infolge des vorschriftswidrigen Überholmanövers eines Autofahrers kommt es zur Kollision mehrerer PKWs. Dabei erleidet einer der an dem Unfall beteiligten Kfz-Lenker so schwere Verletzungen, daß er ins Krankenhaus eingeliefert werden muß. Dort stiehlt ihm die Stationsschwester seine gesamte Barschaft. Unfähig, diesen Verlust angemessen zu überwinden, verfällt er allmählich in Trübsinn. Das wiederum macht seine Verlegung in die psychiatrische Abteilung der Klinik erforderlich. Hier bringt ihm ein geistesgestörter Mitpatient lebensgefährliche Kopfverletzungen bei. Als er endlich geheilt nach Hause gehen kann, gleitet er unterwegs auf einer Bananenschale aus und bricht sich das Bein. Stellt man nunmehr Überlegungen darüber an, ob die in dem geschilderten Beispiel erlittenen verschiedenen Nachteile jeweils vom Schutzzweck der verletzten Verhaltensnorm umfaßt sind, so muß man sehr schnell feststellen, daß die Beantwortung dieser Frage mit zunehmender Distanz der einzelnen Schädigungsarten zum haftungsauslösenden Ereignis problematischer wird. Unzweifelhaft verfolgt die Vorschrift, nur an einsichtiger Stelle überholen zu dürfen, das Ziel, andere Verkehrsteilnehmer vor Verletzungen ihres Körpers infolge möglicher Kollisionen zu bewahren. Dagegen läßt sich dem spezifischen Sinngehalt dieser Regel nicht mehr entnehmen, inwieweit auch Vermögenseinbußen, die einem solchen Unglück nachfolgen und keinen unmittelbaren Zusammenhang mit dem typischen Schadenspotential eines Autounfalls aufweisen, ersetzt werden sollen. Es würde eine erhebliche „Überschätzung der wirklichen bzw. hypothetischen Phantasie des Normgebers"[75] darstellen, wollte man annehmen, daß die Gefahr, auf dem Weg vom Hospital nach Hause einen Beinbruch zu erleiden, bei Statuierung des Überholverbots mit Eingang in die dabei zugrunde gelegte Interessenabwägung gefunden hat. Jene Bestimmung ist vielmehr allein im Hinblick auf einen abgrenzbaren Kreis von denkbaren „Primärerfolgen" aufgestellt. Entwickeln sich daraus kausal weitere Verletzungen und Schäden, wie z. B.

---
will, die er sich im Übermut, wenn auch durch den Alkoholgenuß ausgelöst, selbst zufügt.

[74] Ein ähnliches Beispiel schildert Brox, Rdz. 330.
[75] Keuk, 235 m. Nachw.

A. Abgrenzung zu anderen Haftungskorrektiven

der Diebstahl des Geldes, so kann eine für erforderlich gehaltene Haftungsbegrenzung insoweit nicht mehr auf Schutzzwecküberlegungen gegründet werden. Die Möglichkeit, der präventiven Zielrichtung einer Verhaltensregel auch für Sekundärerfolge Bedeutung zuzumessen, besteht demgegenüber nur dort, wo auch die sich einem nachteiligen Ereignis anschließende Entwicklung im Blickfeld des Normgebers gelegen hat[76]. Dieser Fall ist weitestgehend auf Pflichtengestaltungen des Vertragsrechts beschränkt[77]. So kann etwa die Zusicherung einer Eigenschaft i. S. d. § 459 II BGB nicht nur deswegen vereinbart worden sein, um einen dem gezahlten Preis entsprechenden Wert des erworbenen Gegenstandes zu garantieren, sondern gleichfalls im Hinblick darauf, daß der Käufer gerade solche Gefährdungen vermeiden will, welche beim Gebrauch einer diese Eigenschaft nicht aufweisenden Ware für andere Güter seines Lebensbereichs drohen[78]. Grundsätzlich ist jedoch festzustellen, daß bei der Statuierung von Pflichten in aller Regel lediglich die Abwehr bestimmter Primärverletzungen bzw. Primärschädigungen im Auge behalten wird. Für die Analyse von Folgeentwicklungen gibt eine richtig verstandene, d. h. auf die spezifische Zielrichtung abstellende, Schutzzwecklehre daher nur selten etwas her[79].

3. Verhältnis zur Vorstellung vom allgemeinen Lebensrisiko

Die Schutzzweckbetrachtung und das Kriterium des allgemeinen Lebensrisikos gehen von grundverschiedenen gedanklichen Prämissen aus. Während erstere bei Bestimmungen mit intendierter Präventivfunktion, also den Vorschriften der Unrechtshaftung, die Möglichkeit der Beschränkung von Ersatzansprüchen am spezifischen schadenverhütenden Sinngehalt der jeweils verletzten Verhaltenspflicht orientiert, strebt die Vorstellung vom allgemeinen Lebensrisiko nach einer umfassenden, d. h. auch für das Gebiet der Gefährdungshaftung geltenden,

---

[76] Vgl. Bick, 206.
[77] Auf dem Gebiet der unerlaubten Handlungen wird bisweilen (vgl. etwa Lange JZ 1976, 205) als Beweis für die Geltungskraft des Schutzzweckgedankens auch bezüglich Folgeschäden das Beispiel des Ehestörers erwähnt, der nach Sinn und Zweck des von ihm verletzten Verbots nicht zum Ersatz der Scheidungskosten verpflichtet sei. Hier hat man jedoch übersehen, daß der tiefere Grund für jene Haftungsbeschränkung auf gesetzessystematischen Überlegungen beruht. Die Auffassung vom Wesen der Ehe ist abschließend in den familienrechtlichen Bestimmungen niedergelegt. Die darin enthaltenen Wertentscheidungen dürfen nicht auf dem Weg über die §§ 823 ff. BGB umgangen werden; vgl. auch oben S. 82.
[78] Vgl. BGHZ 50, 200.
[79] Im Ergebnis genauso: Stoll, Kausalzusammenhang, 14; Thalheim, 85; Schickedanz NJW 1971, 918; Niebaum, 127; Gotzler, 103; Bick, 206; a. A.: Kötz, Deliktsrecht, 81/82; Huber JZ 1969, 682 f.; Kramer JZ 1976, 343; auch der BGH scheint der Schutzzwecklehre im Hinblick auf die Beurteilung von Folgeschäden relativ großes Gewicht zuzumessen (vgl. BGH NJW 1978, 2028).

Berücksichtigung der Erkenntnis, wonach es geboten erscheint, jedem Menschen die mit seiner natürlichen Existenz üblicherweise verbundenen rechtlich relevanten Nachteile selbst aufzubürden.

Daß bei einer solchermaßen differenzierten theoretischen Ausgangsbasis keine völlig identischen Ergebnisse in der praktischen Anwendung der beiden in Frage stehenden Haftungsbegrenzungselemente zu erwarten sind, leuchtet unmittelbar ein. Trotzdem ist, zumindest was die Beurteilung eingetretener Primärerfolge anlangt, die Zahl der Fälle, in denen die Reduzierung bzw. der Ausschluß von Ersatzansprüchen sowohl mit Hilfe des Schutzzweckgedankens als auch unter Berufung auf das Kriterium des allgemeinen Lebensrisikos begründet werden könnte, nicht gering[80]. So läßt sich etwa im Kegeljungenfall[81] feststellen, daß die Haftung des Gastwirts einmal darum entfallen muß, weil die entstandene Verletzung einer Gefahr entsprang, welche üblicherweise mit der täglichen Arbeit des Opfers verbunden war, zum anderen deswegen, weil das Verbot der gewerblichen Beschäftigung von Kindern nach 20 Uhr lediglich vor solchen Körperschäden schützen wollte, die durch Überanstrengung hervorgerufen wurden. Auch im folgenden Beispiel führt die Heranziehung beider Kriterien von der Sache her zu demselben Ergebnis. Ein Handwerksmeister läßt auf dem Küchentisch eines kinderreichen Haushalts eine geöffnete Dose giftiger Substanzen stehen. Der vierjährige Sohn fällt bei dem Versuch, die Dose zu ergreifen, vom Stuhl und bricht sich ein Bein. Da die Möglichkeit einer Verletzung infolge Sturzes für den Jungen ebensogut dann besteht, wenn er etwa nach einem Glas Honig oder einem sonstigen auf dem Tisch abgestellten ungefährlichen Gegenstand faßt, eine Situation, die regelmäßig in seinem alltäglichen Dasein vorzukommen pflegt, hat sich für ihn insoweit lediglich ein allgemeines Lebensrisiko verwirklicht. Gleichzeitig müßte aber eine Haftung des Handwerksmeisters auch deswegen ausscheiden, weil die Verkehrspflicht, Gifte derart aufzubewahren, daß sie dem Zugriff von Kindern entzogen sind, nur vor solchen Schäden schützen will, die durch „Einnahme" der gefährlichen Stoffe verursacht werden. Dagegen wird damit nicht das Ziel verfolgt, der Entstehung von Verletzungen vorzubeugen, die bereits im Zuge der räumlichen Annäherung an den Giftbehälter auftreten können[82].

---

[80] Hiermit wird lediglich festgestellt, daß zwischen beiden Schadensbegrenzungselementen eine teilweise Kongruenz bezüglich ihres *sachlich-inhaltlichen* Anwendungsbereichs besteht. Keinesfalls soll insoweit aber die Position vertreten werden, daß die Schutzzwecklehre und der Gedanke des allgemeinen Lebensrisikos *dogmatisch* als gleichstufig anzusehen sind. Bei der konkreten Fallösung kommt naturgemäß letztlich nur jenes Korrektiv zur Anwendung, das im System des Tatbestandsaufbaus an vorrangiger Stelle geprüft wird.
[81] Vgl. oben S. 42.
[82] Kötz, Deliktsrecht, 77.

A. Abgrenzung zu anderen Haftungskorrektiven

Sachverhaltsgestaltungen, in denen die Haftungsbegrenzungselemente „Schutzzweck der Norm" und „allgemeines Lebensrisiko" zu unterschiedlichen Resultaten führen, kommen vor allem auf dem Gebiet des Kontraktsrecht vor. Verpflichtet z. B. ein Kunde seine Kfz-Werkstätte dazu, die Reparatur des bei ihr abgegebenen PKWs bis 16 Uhr vorzunehmen mit Rücksicht und unter Hinweis darauf, daß er als Anfänger die erhöhten Gefahren des Feierabendverkehrs vermeiden wolle[83], so hat sich für ihn zwar dann, wenn er nach schuldhaft verspäteter Rückgabe des Autos in einem Stau verunglückt, insoweit nur das allgemeine Lebensrisiko eines jeden Kraftfahrers verwirklicht[84], da aber der besondere Schutzzweck der verletzten Vertragspflicht (pünktliche Fertigstellung) gerade auf die Vermeidung des von dem Kunden konkret erlittenen Nachteils gerichtet ist, muß der Inhaber der Werkstatt trotzdem Ersatz für die entstandene Vermögenseinbuße leisten[85]. Diese Lösung folgt zwingend aus der Tatsache, daß im Verhältnis der Kriterien „allgemeines Lebensrisiko" und „Schutzzweck der Norm" letzterem der Vorrang gebührt. Die Ermittlung des präventiven Sinngehalts der den einzelnen Anspruchsbestimmungen innewohnenden Ge- und Verbote ist nämlich spezieller als die Beantwortung der Frage nach Funktion und Wesen des Schadensausgleichs insgesamt.

Die voneinander abweichende Bedeutung und praktische Wirkungsweise der zu vergleichenden Haftungsbegrenzungselemente zeigt sich besonders auffällig bei der Beurteilung von Folgeentwicklungen. Während hier das Hauptanwendungsfeld des Gedankens vom allgemeinen Lebensrisiko liegt, ist das Schutzzweckkriterium, wie dargestellt wurde[86], in diesem Bereich nur sehr beschränkt aussagekräftig. So kann etwa im Taxifall[87] die Verneinung von Ersatzansprüchen gegen den Primärschädiger für die erlittenen Verletzungen auf dem Weg zum Hospital nicht damit begründet werden, daß die Pflicht, sich in einem Kaufhaus sorgfaltsgemäß fortzubewegen, ein derartiges Unglück nicht verhindern wollte. Es sind jener Verhaltensnorm nämlich keinerlei Anhaltspunkte darüber zu entnehmen, welche sich an die Erstverletzung kausal anschließenden weiteren Nachteile von ihrem Schutzzweck umfaßt sind und welche nicht. Die gleiche Situation findet man im Bügeleisenfall vor[88]. Die Anweisung, beim Umgang mit Farbe größtmögliche Aufmerksamkeit walten zu lassen, läßt nicht annähernd einen Hinweis

---

[83] Beispiel nach Lange JZ 1976, 207.
[84] Gotzler, 102: „denn das Risiko, im verdichteten Nachhauseverkehr einen Unfall zu erleiden, ist ein solches, das ganz allgemein mit dem Autofahren verbunden ist." Ebenso: Raiser, Haftungsbegrenzung, 67; vgl. auch oben S. 50.
[85] Lange JZ 1976, 207.
[86] Vgl. oben S. 88 f.
[87] Vgl. oben S. 39.
[88] Vgl. oben S. 41.

darauf erkennen, ob auch für Verletzungen eingestanden werden muß, die durch Defekte der zur Wiederherstellung der verschmutzten Bekleidung verwendeten technischen Geräte hervorgerufen worden sind. Sowohl im Taxi- wie im Bügeleisenfall kann man die erforderliche Haftungsbegrenzung sachlich-inhaltlich daher allein mit Hilfe der Vorstellung vom allgemeinen Lebensrisiko begründen.

III. Das allgemeine Lebensrisiko und die Lehre von den sozialadäquaten Handlungen

Wenn man, entsprechend der in dieser Studie erarbeiteten Definition[1], unter dem Begriff „allgemeines Lebensrisiko" jede mit der natürlichen Existenz der Betroffenen üblicherweise verbundene Schadensmöglichkeit versteht, so liegt es nahe, sein Verhältnis zu der teilweise in der Literatur vertretenen[2] Vorstellung über die „soziale Adäquanz" zu untersuchen. Diese 1939 von Welzel[3] in einem Aufsatz über „Studien zum System des Strafrechts" begründete und später durch Nipperdey[4] auf das Normengefüge der §§ 823 ff. BGB übertragene Lehre will solche Verhaltensweisen für den Unrechtsbegriff ausscheiden, die sich völlig innerhalb des Rahmens der geschichtlich gewordenen sozialethischen Ordnung des Gemeinschaftslebens bewegen und von ihr offensichtlich gestattet werden[5]. Über die Frage, welche Betätigungsformen hiermit im einzelnen angesprochen sind, besteht allerdings keine völlige Klarheit[6]. Nach Deutsch geht es im wesentlichen um folgende Fallgruppen[7]: Harmlose Handlungen, mit Sitte und Brauchtum in Einklang stehende Lebensweisen, sportliche Aktivitäten, sorgfaltsgemäßes erlaubtes Risikoverhalten und Inanspruchnahme eines rechtsstaatlichen Verfahrens.

Bei näherer Betrachtung dieser Betätigungsformen fällt auf, daß sie teilweise auch schon im Rahmen der inhaltlichen Klärung des Gedankens vom allgemeinen Lebensrisiko eine Rolle gespielt haben. Nur wurde hier die Frage der Haftungsbegrenzung nicht aus der Sicht des Täters sondern aus der des Opfers angegangen. Es interessierte nicht, ob die den Schaden verursachende Handlung üblicherweise mit der Existenz der Menschen verbunden war, sondern ob das einem bestimmten

---

[1] Vgl. oben S. 38.
[2] Zum Meinungsstand vgl. Deutsch, Haftungsrecht, 230.
[3] Welzel ZStW 58, 491.
[4] Vgl. z. B. Nipperdey NJW 1957, 1777; dagegen: Wussow NJW 1958, 891.
[5] Welzel ZStW 58, 516.
[6] Welzel hat den Katalog der von ihm gebildeten Beispiele in den verschiedenen Auflagen seines Lehrbuchs ständig neu gefaßt (vgl. hierzu die umfassende Darstellung Bernerts: Zur Lehre von der „sozialen Adäquanz" und den „sozialadäquaten Handlungen", 1966).
[7] Deutsch, Haftungsrecht, 230.

A. Abgrenzung zu anderen Haftungskorrektiven

Vorgang innewohnende Risiko diese Qualität aufwies. So war z. B. in dem bereits erwähnten[8], vom OLG Karlsruhe entschiedenen Fußtrittfall[9] nicht darauf abzustellen, ob der sich im Gedränge des Kaufhauses ereignende Zusammenstoß möglicherweise ein Geschehnis darstellt, das sich — vor allem wegen seines im allgemeinen geringen Schadenspotentials — funktionell innerhalb der geschichtlich gewordenen Ordnung des gesellschaftlichen Zusammenlebens bewegt. Vielmehr stand die Situation des Verletzten im Vordergrund, und es war zu fragen, inwieweit der Betreffende ohnehin körperlichen Einwirkungen dieser Art in seinem Leben ausgesetzt ist.

Die gleichen Überlegungen sind auch für folgendes Beispiel maßgebend[10]: A möchte dem B gern auf möglichst unauffällige Weise ein Übel zufügen. Da er fest davon überzeugt ist, eine Autofahrt sei die sicherste Methode, ihn in Körper- wenn nicht sogar in Lebensgefahr zu bringen, rät er B dringend, an einer Omnibusreise nach Spanien teilzunehmen. Tatsächlich verunglückt der Bus. B wird verletzt und verlangt von A Schadensersatz. Die Lehre von den „sozialadäquaten Handlungen" löst diesen Fall unter Hinweis darauf, daß der von A erteilte Ratschlag mit den faktischen Ordnungsverhältnissen des geschichtlich gewordenen Gemeinschaftsgefüges in Einklang steht[11]. Demgegenüber ist für die Problematik des allgemeinen Lebensrisikos allein wichtig, ob B den Gefahren einer Omnibusreise auch ohne den Ratschlag üblicherweise (latent) ausgesetzt war oder ob dadurch für ihn eine „gesteigerte" Schadensmöglichkeit geschaffen wurde.

Da trotz andersartiger Begründung sowohl die Lehre von den sozialadäquaten Handlungen als auch der Gedanke des allgemeinen Lebensrisikos in den erörterten Beispielen zu dem Ergebnis führt, daß der Geschädigte seine erlittene Vermögenseinbuße nicht ersetzt bekommt, könnte man den Schluß ziehen, beide Kriterien zielten auf denselben Wirkungsbereich und seien daher jederzeit auswechselbar. Wie der sog. Kegeljungenfall[12] beweist, geht die Haftungsbegrenzung aufgrund der Vorstellung vom allgemeinen Lebensrisiko jedoch weiter. Obwohl hier die Handlung des Gastwirts, gewerbliches Beschäftigen eines 13jährigen zur Abendzeit, sozial inadäquat war, brauchte er für den durch die vorzeitig geworfene Kugel entstandenen Schaden nicht einzustehen. Für den Jungen hatte sich nur eine der Gefahren verwirklicht, die ihm stets bei seiner Arbeit drohten.

---

[8] Vgl. oben S. 54.
[9] OLG Karlsruhe VersR 1966, 741.
[10] Nach Thalheim, 90.
[11] Vgl. Bernert, 17, 36, 48.
[12] Vgl. oben S. 42.

Sieht man als Bezugsobjekt für den Gedanken der Sozialadäquanz nicht die Handlung des Täters, sondern das Risiko des Opfers an, so erfüllt diese Lehre auch innerhalb des in der vorliegenden Arbeit untersuchten Problemkreises eine wichtige Funktion. In ihrem Bemühen, der Frage nach den Durchschnittswerten gesellschaftlicher Verhaltensweisen nachzugehen, gibt sie nämlich vielfach gleichzeitig eine Antwort darauf, ob ein bestimmter Lebensstil mit der jeweils herrschenden Verkehrsauffassung des Gemeinwesens übereinstimmt[13]. Entsprechend der von Welzel für die Qualifizierung des Täterhandelns gegebenen Definition sind als sozialadäquate Lebensrisiken dann solche Schadensmöglichkeiten zu bezeichnen, die sich im Rahmen der allgemeinen geschichtlich gewordenen sozialethischen Ordnung des menschlichen Zusammenlebens halten und denen infolgedessen die weit überwiegende Mehrheit der Bevölkerung latent ausgesetzt ist[14]. Diese Gefahren stellen eine — allerdings bedeutende — Teilmenge aus dem Gesamtbestand der allgemeinen Lebensrisiken einer Person dar. Sie werden ergänzt durch diejenigen Möglichkeiten, einen rechtlich relevanten Nachteil zu erleiden, welche, wie im Kegeljungenfall, lediglich für einen beschränkten Adressatenkreis relevant sind und deswegen keinen gesamtgesellschaftlichen Bezug aufweisen.

IV. Das allgemeine Lebensrisiko und der Gedanke des Handelns auf eigene Gefahr

Das Rechtsinstitut „Handeln auf eigene Gefahr" dient, wie auch die Vorstellung vom allgemeinen Lebensrisiko, dem Zweck, die Haftung des in Anspruch Genommenen für bestimmte von ihm verursachte Vermögenseinbußen zu begrenzen. Beiden ist darüber hinaus gemeinsam, daß sie, etwa im Gegensatz zum Adäquanzkriterium, ihre Wertungsmaßstäbe allein aus der Sphäre des Geschädigten schöpfen. Während es jedoch einmal um die Frage geht, inwieweit das verwirklichte Risiko mit dem Leben des Betreffenden üblicherweise verbunden war, muß im anderen Fall ermittelt werden, ob jener sich trotz Kenntnis von den besonderen Umständen, die für ihn eine konkrete Gefahrenlage begründeten, „ohne triftigen Grund" der Möglichkeit ausgesetzt hat, die entstandene Gütereinbuße zu erleiden[15]. Elementare Voraussetzung des

---

[13] Welche Bedeutung dieser kollektive Beurteilungsmaßstab für die Abgrenzung der verschiedenen Gefahrenbereiche hat, wurde bereits im Zusammenhang mit der Erscheinung des gesellschaftlichen Außenseitertums dargestellt. Vgl. oben S. 44 f.

[14] Vgl. in diesem Zusammenhang Friese (S. 165) „Der Verkehr ist ein allgemeines, jedermann treffendes Risiko, das zwar unberechenbar, aber doch derart alltäglich ist, daß man es fast als sozialadäquat bezeichnen kann."

[15] Stoll, Handeln, 4/5; Deutsch, Haftungsrecht, 327; Staudinger / Schäfer v. § 823 Rdz. 67 m. w. Nachw.

A. Abgrenzung zu anderen Haftungskorrektiven 95

„Handelns auf eigene Gefahr" ist somit die den Menschen prinzipiell gegebene Möglichkeit der freien Entscheidung, wohingegen es für die Frage des allgemeinen Lebensrisikos hierauf nicht ankommt[16]. Die Tatsache, daß beide Kriterien solchermaßen verschiedenartige Gesichtspunkte berücksichtigen, muß im Interesse größtmöglicher Klarheit vor allem in einer streng voneinander abgehobenen Begrifflichkeit ihren Niederschlag finden. Zu Recht hat es Thomas Raiser daher abgelehnt, die Formel vom Handeln auf eigene Gefahr als Sammelbezeichnung für alle die Fälle zu verwenden, bei denen der Geschädigte eine Vermögensminderung ersatzlos hinnehmen muß[17]. Hierzu würde nämlich auch die Gruppe der allgemeinen Lebensrisiken zählen.

Zur Illustration des unterschiedlichen Anwendungsbereichs von allgemeinem Lebensrisiko und Handeln auf eigene Gefahr sei folgender Sachverhalt erwähnt[18]: Im Jahre 1903 wurde der Kläger auf der Straße überfahren. Daraufhin mußte ihm das linke Bein abgenommen werden; er trug seitdem eine Prothese. 1925, also 22 Jahre später, stürzte er ohne ersichtlichen Grund in seinem Zimmer. Hierbei zog er sich weitere Verletzungen zu, für die er nunmehr Schadensersatz begehrte.

Was zunächst den Problemkreis des allgemeinen Lebensrisikos angeht, so kommt es entscheidend darauf an, ob das Laufen auf Krücken eine Betätigungsform darstellt, die *vor* Eintritt des haftungsbegründenden Umstandes üblicherweise mit dem Leben des Klägers verbunden war. Es ist also für die Beurteilung des geschilderten Falles ohne Belang, daß der Geschädigte während der Dauer von 22 Jahren täglich unter Verwendung der Prothese in seinem Zimmer auf- und abgegangen ist. Maßgebend für die Abgrenzung der Gefahrenbereiche ist allein die Situation von 1903. Hier läßt sich jedoch feststellen, daß der bis dahin gesunde Kläger weder regelmäßig auf Krücken herumlief, noch daß ein solches Verhalten jederzeit von ihm zu erwarten gewesen wäre. Niemand, der über voll taugliche Gliedmaßen verfügt, benutzt aus freien Stücken längere Zeit Gehhilfen. Dise wäre unbequem und sinnlos. Hinzu kommt, daß der Gesunde zwar bis zu einem gewissen Grade die Fortbewegungsweise eines Prothesenbehinderten „nachspielen" kann, er damit aber keineswegs dem gleichen Gefahrenpotential wie jener unterliegt. Er ist stets in der Lage, einen drohenden Sturz durch rechtzeitigen Einsatz seiner gesunden Beine entweder ganz zu vermeiden, oder aber wenigstens in seinen Auswirkungen herabzumindern. Da der Kläger somit durch den vom Beklagten verschuldeten Unfall einem „gesteigerten" Verletzungsrisiko ausgesetzt wurde, hat er für die kausal entstandene Vermögenseinbuße grundsätzlich vollen Ersatz zu leisten.

---
[16] Vgl. oben S. 41 Fußn. 9.
[17] Raiser, 74.
[18] Vgl. RGZ 119, 204.

Abstriche muß er sich jedoch gefallen lassen, wenn die von ihm vorgenommene Betätigung als Handeln auf eigene Gefahr erscheint. Im vorliegenden Beispiel besteht nun kein Zweifel daran, daß der Kläger sich „mit triftigem Grund" in seiner Wohnung fortbewegte, einerlei ob er zur Türe gehen wollte, weil es geklingelt hatte, oder ob er nur aus Langeweile seine Position zu verändern gedachte. Er hat sich in jedem Fall völlig sozialadäquat verhalten. Auch von einem Prothesenbehinderten kann nicht verlangt werden, daß er vor jedem Schritt, den er in seinem unmittelbaren Lebensraum ausführt, Überlegungen anstellt, inwieweit hierzu eine unabweisbare Notwendigkeit besteht. Genausowenig darf es diesen Menschen verwehrt sein, Tätigkeiten vorzunehmen, die zur normalen mitmenschlichen Begegnung in der Öffentlichkeit erforderlich sind. Ein Vorwurf zurechenbarer Selbstgefährdung ist erst dann zu erheben, wenn dieser Rahmen deutlich verlassen wird. Das wäre etwa dann anzunehmen, wenn der Betreffende trotz ärztlicher Warnung an einem Fußballspiel teilgenommen hätte[19].

B. Die Stellung des allgemeinen Lebensrisikos als autonomes Haftungskorrektiv

I. Das allgemeine Lebensrisiko Merkmal des objektiven Tatbestandes der Schadensersatznormen

Nachdem vorstehend aufgezeigt wurde, daß der Gedanke des allgemeinen Lebensrisikos eine gegenüber den als Mantelelemente denkbaren Haftungsbegrenzungskriterien „Adäquanz", „Schutzzweck", „Sozialadäquanz" und „Handeln auf eigene Gefahr" selbständige inhaltlich-sachliche Funktion erfüllt und seine systematische Einordnung demnach grundsätzlich von diesen unabhängig ist, gilt es nunmehr generell zu klären, welche Strukturbereiche dem fraglichen Kriterium dogmatisch vor — und welche ihm nachgeordnet sind. Insoweit ist zunächst von Bedeutung, daß die Idee vom allgemeinen und gesteigerten Lebensrisiko auf die konkrete Art der objektiven Verbindung zwischen haftungsbegründendem Ereignis und eingetretenem Erfolg Bezug nimmt. Sie untersucht die Frage, ob das jeweilige menschliche Fehlverhalten bzw. das Betreiben der risikoträchtigen Sache lediglich solche Verletzungen oder Schäden heraufbeschworen hat, wie sie auch sonst im Leben des Betroffenen üblicherweise zu gewärtigen sind oder ob die genannten Umstände die Möglichkeit, einen rechtlich relevanten Nachteil zu erleiden, über das Normalmaß hinaus gesteigert haben. Dabei knüpft die insoweit vorzunehmende Beurteilung des Verhältnisses von anspruchsbegründender Bedingung und eingetretenem Erfolg allein an deren Ei-

---

[19] Ebenso Friese, 149; vgl. auch Lüer, 40.

B. Stellung als autonomes Haftungskorrektiv

genschaft als Erscheinungen der Außenwelt an. Es spielen also weder die Existenz bzw. Zielrichtung irgendeiner möglicherweise verletzten Verhaltensnorm noch das Problem der subjektiven Vorwerfbarkeit eine Rolle. Hieraus folgt, daß der Gedanke des allgemeinen Lebensrisikos in einer ersten — noch groben — Einstufung dem Bereich des objektiven Tatbestandes der Schadensersatzbestimmungen zugeordnet werden muß. Gegenüber den erst an späterer Stelle des Normaufbaus zu prüfenden Korrektiven „Schutzzweck"[1], „Sozialadäquanz" und „Handeln auf eigene Gefahr" beansprucht er somit Priorität. Fraglich ist allerdings, welche Rangfolge sich zwischen ihm und den übrigen Haftungsbegrenzungselementen des objektiven Tatbestandes ergibt. Wie das allgemeine Lebensrisiko so verlangen auch jene Kriterien eine besondere Art der Verknüpfung von anspruchsbegründendem Umstand und eingetretenem Erfolg. Nur wenn keines der Merkmale nach seiner spezifischen Zwecksetzung eine Zuordnung der Verletzung oder des Schadens zur Primärbedingung ausschließt, liegt ein „Haftungszusammenhang"[2] vor. Für die Stellung des allgemeinen Lebensrisikos innerhalb der Korrektive des objektiven Tatbestandes ist es nun von erheblicher Bedeutung, welche Prinzipien der Schadensbegrenzung in diesem Bereich auf die Entscheidung über die Zubilligung eines Ausgleichsanspruchs Einfluß nehmen und welche Elemente diese Prinzipien konkret ausfüllen. Im folgenden geht es somit um eine zusammenhängende Darstellung der Gesichtspunkte, die darüber entscheiden, ob zwischen anspruchsbegründendem Umstand und Folgegeschehen ein Haftungszusammenhang besteht.

II. Die Prinzipien und Merkmale der Haftungsbegrenzung im objektiven Tatbestand der Schadensersatznormen

1. Berücksichtigung der natürlichen Gesetzmäßigkeiten

Regelmäßige Voraussetzung der Verknüpfung zweier Erscheinungen der Außenwelt ist das Erfordernis der Kausalität[3]. Hiernach richtet sich sowohl im Bereich der Verschuldens- wie auch in dem der Gefährdungshaftung, ob es überhaupt sinnvoll ist, eine konkret bezeichnete Einzel-

---

[1] Der Schutzzweck der Verhaltenspflicht kann erst ermittelt werden, wenn feststeht, ob eine solche überhaupt verletzt wurde. Das ist aber nach herkömmlicher Auffassung entweder eine Frage der Rechtswidrigkeit (so die Lehre vom Handlungsunrecht) oder eine Frage der Schuld (so die Lehre vom Erfolgsunrecht).

[2] Diese Wortschöpfung lehnt sich einer Formulierung an, die der BGH in der Begründung einer Entscheidung aus dem Jahre 1972 verwendet hat (BGHZ 58, 162). Darin heißt es (S. 164/168): „Am adäquaten Kausalzusammenhang kann zwar nicht gezweifelt werden. Bei wertender Betrachtung besteht jedoch kein *für die Haftung ausreichender Zusammenhang* zwischen dem Verhalten des LKW-Fahrers und der Sachbeschädigung."

[3] Vgl. Deutsch, Haftungsrecht, 135.

person mit der Entstehung bestimmter Verletzungen oder Schäden in Verbindung zu bringen[4].

Bedenken gegen die Erhebung des Verursachungsgedankens zu einem a priori gültigen Prinzip des Schadensausgleichs hat Hübner angemeldet[5]. Er kritisiert in besonderem Maße die Vorstellung einer Kausalität des Unterlassens. Hierbei handele es sich um „juristischen Mystizismus". Da Verursachung der Zusammenhang zwischen zwei Veränderungen sei, tauge jene Kategorie nichts für die Bewertung des rein passiven Verhaltens. Soweit Hübner sich damit gegen den widersinnigen Gebrauch der Begriffe „Kausalität" und „Unterlassen" in einem unmittelbaren sprachlichen Konnex wendet, verdient seine Auffassung Zustimmung. Nicht folgerichtig ist jedoch der Schluß, daß innerhalb dieses Problembereichs der Verursachungsgedanke ohne Bedeutung für den Bestand des Haftungszusammenhangs ist. Auch beim „Unterlassen" spielen Kausalitätsprobleme nämlich insofern eine fundamentale Rolle, als dort im Tatbestand geprüft wird, ob ein bestimmtes Verhalten Bedingung für das Ausbleiben des eingetretenen Erfolgs gewesen wäre.

Der erkenntnistheoretische Kausalbegriff, wonach Ursache die Gesamtheit der Bedingungen eines Erfolges ist, nötigt im Bereich des Schadensersatzrechts zu einer konzentrierten praktischen Handhabung. Hier geht es nicht um eine geschlossene Erforschung der bestehenden Naturgesetzlichkeiten, sondern das Interesse reduziert sich auf einen ganz bestimmten Ausschnitt der umfassenden Lebenswirklichkeit. Dem Gesamtspektrum aller Erfolgsbedingungen werden nur solche Umstände entnommen, welche als Anknüpfungspunkt für die Statuierung einer rechtlichen Verantwortlichkeit in Frage kommen. Diese werden alsdann, gewissermaßen mikroskopisch vergrößert, daraufhin untersucht, ob sie „Ursache" des erlittenen Nachteils sind. Methodisches Hilfsmittel jener Prüfung ist die sog. Conditio-Formel, nach der ein Kausalzusammenhang dann gegeben ist, wenn die ins Auge gefaßte Bedingung nicht hinweggedacht werden kann, ohne daß der Erfolg entfiele[6].

2. Die objektive Zurechnung von Verletzungen und Schäden zum allgemeinen Verantwortungsbereich menschlicher Willensentäußerung

Das Prinzip der Belastung einer Person mit den Folgen des von dem haftungsbegründeten Umstand ausgelösten Geschehensverlaufs beruht

---

[4] Huber, Festschr. Wahl, 307.
[5] Hübner, Risikosphären, 61.
[6] Nach Larenz (SR I, 352/353) stellt die Conditioformel eine „Faustregel" dar, bei der es sich um eine die Rechtsanwendung erleichternde, weil leicht faßliche und für die große Masse der Fälle ausreichende Umschreibung handele.

wesentlich auf der Annahme, daß der Mensch in der Art und Weise seiner Lebensgestaltung grundsätzlich frei ist. Es hängt in der Regel allein von seinem Willen ab, inwieweit er Gefährdungen für andere Personen setzt. Auf diesen Zusammenhang zwischen Selbstbestimmung und Verantwortlichkeit hat erstmals und ausführlich Larenz hingewiesen[7]. Er sah darin die philosophisch-theoretische Basis der „Erfolgszurechnung"[8] schlechthin. Kerngehalt seiner Lehre von der sog. „imputatio facti"[9] ist der Gedanke, daß die Freiheit zur Erzeugung der für die Umwelt gefährlichen Situation dann kein Argument für die Statuierung einer Pflicht zum Ausgleich entstandener Nachteile darstellt, wenn der eingetretene Geschehensverlauf nicht mehr als vom Willen der in Anspruch genommenen Person umfaßt gedacht werden kann. Hier fehlt es an jeglicher Möglichkeit, die auf den Erfolg hinführende Entwicklung der Ereignisse zu „beherrschen" und zu steuern[10]. Solchermaßen erlittene Verletzungen und Schäden sind „der Tat zufällig und wesensfremd", da sie ihren Grund nur in der Ursächlichkeit haben, nicht aber auch in der Freiheit des Subjekts, sich anders zu entscheiden[11]. Daß für die Frage der Beeinflußbarkeit eines bestimmten Vorgangs allerdings nicht die real existenten Zweckvorstellungen des Handelnden maßgebend sein dürfen, ist unschwer einzusehen, denn anderenfalls könnte er stets nur für vorsätzlich herbeigeführte Folgen verantwortlich gemacht werden. Abzustellen ist vielmehr auf die „kollektivistische Existenz" des Schädigers und zu prüfen, ob der eingetretene Geschehensverlauf nach menschenmöglicher Voraussicht als vom Willen der in Anspruch genommenen Person beherrscht gedacht werden kann[12].

Roth-Stielow hat zur Darstellung des Problemkreises das Bild des Impulses gebraucht, der von dem Schädiger ausgesandt werde und ständig in seiner Kraft nachlasse, bis er so sehr herabgedämpft und von anderen Einflüssen überlagert worden sei, daß die weitere Geschehensentwicklung im Hinblick auf die ursprüngliche Entscheidungsbildung

---

[7] In seiner 1927 veröffentlichten Dissertation über Hegels Zurechnungslehre und den Begriff der objektiven Zurechnung.

[8] Der Terminus „Zurechnung" gehört, wie Gotzler (S. 48) richtig feststellt „in das Arsenal der juristischen Grundbegriffe". Entsprechend seiner traditionellen Bedeutung (Hardwig, 5 ff. weist den Begriff schon bei Aristoteles nach) sollte er allerdings nur dort Verwendung finden, wo es auch tatsächlich um die Frage geht, inwieweit ein Erfolg auf menschliche Vernunft und Willen zurückgeführt werden kann. Findet dagegen etwa lediglich eine Risikoverteilung nach Sphären statt, so ist die Vokabel „Zurechnung" fehl am Platz; vgl. Deutsch, Haftungsrecht, 23, 144; Larenz, Festschr. Wilburg, 123.

[9] Dieser Begriff geht auf Arbeiten der strafrechtlichen Hegelianer des 19. Jh. zurück. Er bildet den Gegensatz zur „imputatio iuris", der Zurechnung zur Schuld (vgl. Larenz, Festschr. Honig, 79).

[10] Larenz, Hegels Zurechnungslehre, 66, 68.

[11] Larenz NJW 1955, 1011.

[12] Deutsch, Haftungsrecht, 24.

nicht mehr als gewichtig angesehen werden könne[13]. Hier wird deutlich, daß die Vorstellung von der objektiven Zurechnung sowohl im Bereich der Verschuldens- wie auch in dem der Gefährdungshaftung Geltung beanspruchen muß[14]. Ausgangspunkt ist jeweils das auf der Grundlage freier Willensentfaltung vorgenommene „In-die-Welt-bringen" des risikoträchtigen Umstandes. Dieser kann aus der Verletzung eines Ge- oder Verbots resultieren, er kann aber gleichfalls der Tatsache entspringen, daß jemand — erlaubtermaßen — eine mit Wagnissen verbundene Anlage betreibt. Zwar hat es ein Mensch in der Regel nicht in der Hand, ob die von ihm „gehaltene" gefährliche Sache einen anderen schädigt, er allein entscheidet jedoch, ob er sich jene überhaupt anschafft und so Risiken für seine Umwelt setzt.

Ist somit das Wesen der objektiven Zurechnung beschrieben, so muß nunmehr geklärt werden, wann ein Kausalgeschehen so geartet ist, daß der eingetretene Nachteil nicht mehr als haftungsrelevanter Ausdruck der freien Selbstbestimmung des Menschen angesehen werden kann.

a) Das Merkmal der Adäquanz

Die willensmäßige Vorprägung eines Ablaufs von Ereignissen ist dort nicht möglich, wo der „pure" Zufall regiert[15]. Entsprechend dem Grundsatz „casum sentit dominus"[16] fallen daher Nachteile, die primär auf Einflüsse unbeherrschbarer Kräfte zurückgehen, ausschließlich in den Verantwortungsbereich des Geschädigten. Solche Entwicklungen sind nicht steuerbar. Sie haben somit auch keinen — wenigstens unterschwelligen — Eingang in die Entschlußfassung gefunden, welche der zum Erfolg führenden Verhaltensweise vorgelagert ist[17]. Demgegenüber ist die rechtsphilosophische Begründung für die Belastung einer Person mit dem Ausgleich entstandener Schäden dann in der freien Selbstbestimmung des Menschen zu sehen, wenn der Ursachenzusammenhang adäquaten Charakter hat[18]. In diesem Falle kann das abgelaufene Geschehen als vom Willen des Handelnden beherrscht gedacht werden. Es ist menschenmöglicher Voraussicht zugänglich.

Da bei der Gefährdungshaftung ebenfalls an einen Akt personaler Willensentäußerung, nämlich die Anschaffung bzw. den Betrieb der

---

[13] Roth-Stielow NJW 1971, 180.
[14] So Larenz, SR II, 617; Esser, Grundlagen, 94.
[15] Larenz, Hegels Zurechnungslehre, 61; Deutsch, Haftungsrecht, 22; Reinecke, 118.
[16] Vgl. dazu Lüer, 45; Kötz, Deliktsrecht, 34; Deutsch, Haftungsrecht, 297.
[17] Hier wird die Verbindung zwischen dem Zufallsbegriff, der nichts anderes als „das Produkt unserer beschränkten menschlichen Erkenntnis" ist, und dem Prinzip der Prävention deutlich; Bydlinski, 60.
[18] Dabei gelten die auf den Seiten 69 f. entwickelten Grundsätze.

B. Stellung als autonomes Haftungskorrektiv

risikoträchtigen Sache, angeknüpft werden kann, ist auch dort das Kriterium der Adäquanz erforderlich[19]. Wenn, in Antithese hierzu, vorgebracht wird, daß die generelle Eignung einer der Gefährdungshaftung unterliegenden Sache zur Schadensverursachung bereits durch den Gesetzgeber bejaht worden und eine Prüfung der Adäquität damit widersinnig sei[20], so kann einer solchen Argumentation deswegen nicht beigepflichtet werden, weil für das Problem der Zurechnung stets allein der Einzelfall, d. h. die konkrete Art des Erfolgseintritts, maßgebend ist und dabei ohne weiteres die Möglichkeit eines vom Normalfall abweichenden Ergebnisses besteht. So können Verletzungen oder Schäden nämlich durchaus kausal auf den Betrieb einer mit Wagnissen verbundenen Anlage zurückgehen, ohne daß ex ante die Möglichkeit der Entstehung dieser Nachteile nennenswert erhöht war. Fährt etwa jemand mit dem Auto eines anderen eine dritte Person schuldhaft um und wird diese auf dem Weg zum Krankenhaus vom Blitz erschlagen, so ist, was den Tod des Unfallverletzten anbetrifft, sowohl die Haftung des Fahrers wie die des Halters wegen mangelnder Adäquität auszuschließen. Die Tatsache, daß die der Gefährdungshaftung unterliegenden risikoträchtigen Sachen vom Gesetzgeber als geeignet angesehen werden, ganz allgemein Schäden hervorzurufen, führt somit nicht weiter. In gleicher Weise könnte man darlegen, daß auch der Verstoß gegen ein Schutzgesetz oder eine Verkehrspflicht grundsätzlich die Wahrscheinlichkeit der Entstehung nachteiliger Erfolge erhöhe und die Frage der Adäquanz daher gar nicht mehr geprüft zu werden brauche.

Ebenso wenig kann der weit verbreiteten Auffassung zugestimmt werden, daß sich im haftungsbegründenden Bereich des § 823 I BGB eine Erörterung von Adäquitätsgesichtspunkten deswegen erübrige, wei jene bereits in den engeren Voraussetzungen des nachfolgenden Verschuldenskorrektivs enthalten seien[21]. Stößt z. B. jemand einen anderen in eine Glasscheibe, so wäre es nur wenig sinnvoll, die Verantwortlichkeit des letzteren für die Sachbeschädigung erst wegen mangelnder subjektiver Vorwerfbarkeit zu verneinen. Hier liegt vielmehr nach allgemeiner Auf-

---

[19] Genauso RG JW 1908, 41; RGZ 158, 34; OLG Nürnberg NJW 1965, 695; Huber, Festschr. Wahl, 308; wenn Traeger (S. 305) ausführt: „Der Begriff des Betriebsunfalls verlangt nicht nur adäquaten Kausalsammenhang zwischen den Betriebsfunktionen und dem ersten schädigenden Erfolg, sondern *ein Mehr*, die Verwirklichung einer dem Eisenbahnbetriebe eigentümlichen Gefahr", so gibt auch er damit zu verstehen, daß der Adäquanzgedanke in dieser Prüfung mitenthalten sein soll, a. A. aber: Deutsch, Haftungsrecht, 154; Wolf, 2, Fußn. 7; Friese, 215, Fußn. 3.

[20] Vgl. Friese, 215, Fußn. 3.

[21] So Friese, 204, Fußn. 1; Hübner, Risikosphären, 62; Deutsch, Haftungsrecht, 139; Esser/Schmidt, SR I, Tbd. 2, 172; Gotzler, 251; v. Caemmerer DAR 1970, 286; Weitnauer, Festschr. Oftinger, 326 a. A. BGH NJW 1964, 1363; BGH JZ 1967, 369; Lange JZ 1976, 200; Görgens JuS 1977, 711; Köbler, SR, 370; Wessels, 39.

fassung schon gar keine „Tat" vor. Hält man somit aber neben dem Kriterium des Verschuldens noch die Entwicklung eines besonderen Handlungsbegriffs für notwendig, so ist unter systematischem Aspekt nicht recht einzusehen, warum für das Adäquanzmerkmal etwas anderes gelten soll. Es macht rechtsethisch einen erheblichen Unterschied, ob überhaupt ein Unrecht begangen wurde oder ob der Betreffende lediglich schuldlos gehandelt hat[22].

b) Das Merkmal der „Herausforderung" im Falle eines Zweithandelns[23]

Der vom gefahrbegründenden Ereignis ausgehende Impuls verliert nicht nur bei zufälliger Gestaltung des Ursachenzusammenhangs seine Wirkung, sondern auch dann, wenn eine frei (von fremder Gewalteinwirkung)[24] und eigenverantwortlich tätig werdende Person, das kann der Geschädigte selbst oder ein Dritter sein, in den Geschehensablauf eintritt und der Entschluß, dies zu tun, sowie die Art und Weise seiner Ausführung bei wertender Betrachtung nicht auf die vom Ersttäter gesetzte Bedingung zurückgeführt werden kann. Hier hat sich der steuerbare Einfluß der ursprünglichen Willensbetätigung nicht bis zum entstandenen Nachteil fortgepflanzt. Die eingreifende Person wird ausschließlich Herr des Geschehens. Ihr autonomes, lediglich in einer äußeren kausalen Beziehung zum Haftungsfaktor stehendes Verhalten bewirkt, daß der fragliche Erfolg nicht mehr als Produkt der freien Selbstbestimmung des Primärverantwortlichen angesehen werden kann.

Die hiermit beschriebene Problematik wurde in der früheren rechtswissenschaftlichen Diskussion allgemein mit dem Ausdruck „Unterbrechung des Kausalzusammenhangs" belegt[25]. Heute ist man sich jedoch darüber einig, daß diese Bezeichnung sinnwidrig ist, da sie auf einer Verkennung des Ursachenbegriffs beruht[26]. Auch die gelegentlich ver-

---

[22] So auch Görgens, JuS 1977, 711; darüber hinaus hat Lange (JZ 1976, 200) nachgewiesen, daß die aus dem Verschuldenserfordernis folgende Haftungsbegrenzung nicht ganz die mit dem Adäquanzkriterium erreichte abdeckt.
[23] Eine umfassende Darstellung dieses Problemkreises findet sich bei Niebaum (Die deliktische Haftung für fremde Willensbetätigungen, 1977). Der Autor kommt allerdings, sowohl was die dogmatische Einordnung des Komplexes anbetrifft (sedes materiae soll der Rechtswidrigkeitszusammenhang sein) als auch hinsichtlich seiner praktischen Ausgestaltung, zu anderen Ergebnissen als diese Studie.
[24] Weder vis absoluta noch vis compulsiva.
[25] Vgl. z. B. Rabel, 508.
[26] Mayer (S. 138) hat es als „Binsenwahrheit" bezeichnet, „daß ein Kausalzusammenhang entweder da ist oder fehlt, also nicht unterbrochen sein kann". Vgl. außerdem: Görgens JuS 1977, 709; Rother, Haftungsbeschränkung, 26; Friese, 98; Lüer, 14.

B. Stellung als autonomes Haftungskorrektiv

wendete Formel von der „psychisch vermittelten Kausalität"[27] trägt wenig zur Klarstellung der Thematik bei. Wie Niebaum[28] zutreffend dargelegt hat, kommt hierin nämlich nicht zum Ausdruck, daß die fragliche Fallgruppe durch die Einblendung einer Willensentscheidung in den Ursachenzusammenhang gekennzeichnet ist[29].

In der vorliegenden Arbeit wird zur Charakterisierung der erörterten Problematik der von der Rechtsprechung und Lehre inzwischen weitgehend anerkannte Begriff „herausgefordertes Zweithandeln" verwandt[30]. Diese Formel erscheint deshalb als geeignet, weil der Haftungszusammenhang nur dann zu bejahen ist, wenn „ob" und „wie" des Dazwischentretens einer täterfremden Person in das ablaufende Kausalgeschehen bereits im gefahrbegründenden Umstand „angelegt" sind, d. h. der später Eingreifende seine Verhaltensweise an den Erfordernissen und Möglichkeiten der Situation orientiert, die er als Ergebnis des vom Primärschädiger gesetzten Impulses vorgefunden hat[31].

Hinsichtlich der Beurteilung, wann jemandem im Einzelfall der aus einem Zweithandeln resultierende Erfolg objektiv zugerechnet werden kann, sind nachstehend zwei Hauptgruppen voneinander abzuheben:

Liegen dem Dazwischentreten Motive zugrunde, die von der Rechtsordnung prinzipiell gebilligt werden (z. B. Hilfs- oder Regreßmaßnahmen), so ist jene Handlungsweise dann „herausgefordert", wenn das Interesse am Einschreiten gegenüber dem damit verbundenen Risiko objektiv überwiegt[32]. So kann etwa im Rasenbeispiel[33] festgestellt werden, daß der Zweck der Nacheile (Wiederherstellung des polizeilichen Gewahrsams) ein deutliches Übergewicht zu den dabei zu gewärtigenden Schädigungen aufwies. Bei dieser Konstellation blieb dem Beamten gar nichts anderes übrig, als die Verfolgung aufzunehmen. Er war rechtlich dazu verpflichtet. Seine Entschlußfassung war demnach „herausgefordert". Ähnliches gilt für den Fall des Nothelfers, der nach einem Unfall den Insassen des verunglückten Pkws aus dem brennenden Fahrzeug gezogen hat und dabei selbst verletzt wurde[34]. Da der Geret-

---

[27] Vgl. etwa BGH NJW 1975, 168; BGH VersR 1978, 947; Hübner JuS 1974, 496.
[28] Niebaum, 16.
[29] Eine solche Willensentscheidung fehlt z. B. beim Regelungskomplex der Schockschäden, trotzdem kann man auch dort von „psychisch vermittelter Kausalität" sprechen.
[30] Vgl. schon Larenz, SR I, 364; Huber, Festschr. Wahl, 324; Hübner JuS 1974, 498; Lange JZ 1976, 206; BGH NJW 1978, 1006; BGH VersR 1978, 184 m. w. Nachw.; ablehnend: Niebaum, 59/60.
[31] Wessels, 36; Friese, 211.
[32] BGH NJW 1975, 168; BGH Vers 1978, 948.
[33] BGH NJW 1971, 1982; vgl. oben S. 17.
[34] OLG Stuttgart NJW 1965, 112.

tete ohne diesen Einsatz ums Leben gekommen wäre, hat der Eingreifende auch hier unter massivem Zugzwang gestanden. Dagegen kann man in dem Beispiel, in welchem ein Polizist den 19jährigen Beklagten zur Verbüßung des gegen ihn verhängten Wochenendarrestes abholen wollte und, als dieser floh, sich beim Sprung aus dem mehr als 4 m über einem asphaltierten Hof gelegenen Fenster der Wohnung Verletzungen am Fuß zuzog[35], doch erhebliche Bedenken haben, ob der Zweck einer solchen Verfolgung dem damit verbundenen Risiko entsprach. Hier scheint es bei vernünftiger Betrachtung naheliegender gewesen zu sein, daß der Beamte den Dingen zunächst einmal ihren Lauf gelassen hätte[36].

Auch wenn das Interesse am Einschreiten grundsätzlich die darin enthaltenen Gefahren überwiegt, kann es an einer „Herausforderung" des Entschlusses fehlen. So lag es in einem vom BGH 1957 entschiedenen Fall[37]. Ein älterer Mann war im Straßenverkehr angefahren und verletzt worden. Als Folge davon mußte er sich einer Bauchoperation unterziehen, in deren Verlauf die Ärzte ein Meckelsches Divertikel am Dünndarm entdeckten und beseitigten. Später starb der Mann an den Nachwirkungen dieses zusätzlichen nicht unfallbedingten Eingriffs.

Hier hat der BGH die Haftung des Primärschädigers zu Recht abgelehnt. Zwischen seinem Verhalten und dem eingetretenen Erfolg lag kein innerer Zusammenhang vor. Die Entfernung des Divertikels war zwar ex ante für den Patienten nützlich und sie durfte bei Abwägung aller Vor- und Nachteile auch durchaus gewagt werden, eine gerade durch den Unfall heraufbeschworene Notwendigkeit bestand dazu jedoch nicht. Der Entschluß der Ärzte zur Durchführung des Eingriffs war somit nicht vom haftungsbegründenden Umstand „herausgefordert" worden[38].

Wann im Einzelfall die Verantwortlichkeit des Primärschädigers zu bejahen ist, hängt nicht nur davon ab, ob die Entscheidung, überhaupt in den Geschehensverlauf einzutreten, nahegelegen hat, sondern es ist auch zu prüfen, inwieweit die Art und Weise der Durchführung als be-

---

[35] BGH NJW 1976, 568.

[36] Bei der Abwägung zwischen Zweck und Risiko der polizeilichen Nacheile spielen rechtspolitische Gesichtspunkte eine wichtige Rolle. Setzt man die Schwelle zu hoch an, werden die in Sekundenschnelle zur Entscheidung berufenen Beamten verunsichert. Sie getrauen sich nicht mehr, die Verfolgung aufzunehmen. Dagegen erscheint im umgekehrten Fall das Freiheitsbedürfnis des Täters als zu gering bewertet; vgl. dazu, Händel NJW 1976, 1204.

[37] BGHZ 25, 86.

[38] Das gleiche gilt für den Fall BGH NJW 1963, 1671. Hier hatte der Beklagte dem Kläger schuldhaft eine Wunde beigebracht. Zur Immunisierung künftiger Verletzungen injizierte der behandelnde Arzt Tetanol, worauf der Patient allergisch reagierte.

B. Stellung als autonomes Haftungskorrektiv

reits vorbestimmt angesehen werden kann[39]. Maßstab für die Beantwortung dieser Frage ist das Kriterium der „Sachangemessenheit". Hat der Dazwischentretende selbst schuldhaft zur Entstehung des Folgegeschehens beigetragen, so bleibt die Haftung des Ersttäters trotzdem dann bestehen[40], wenn der fehlerhafte Eingriff im weitesten Sinne noch als verständlich erscheint[41]. Ist seine Handlungsweise dagegen „kraß sachwidrig", so ist der innere Zusammenhang mit dem Primärereignis derart gelockert, daß allein der Zweitschädiger für den erlittenen Nachteil einstehen muß[42]. Die h. M. hat diese Grundsätze bereits von jeher auf Streitigkeiten wegen ärztlicher Kunstfehler angewendet; denn bei grob fahrlässiger Vorgehensweise des Heilkundigen soll der Rückgriff auf den Ersttäter nicht mehr möglich sein[43]. Zur Begründung hob man unter anderem hervor, daß sich der Bürger auf ein durchschnittlich ordnungsgemäßes Funktionieren der staatlichen und gesellschaftlichen Einrichtungen verlassen können muß[44]. Der Gedanke der Sachangemessenheit beansprucht aber auch dort uneingeschränkte Geltung, wo allein das Handeln eines Privatmannes zu beurteilen ist. Niebaum erwähnt hierzu folgendes Beispiel[45]. Jemand verschuldet mit einem fremden Wagen einen Verkehrsunfall. Er wird dabei auf dem Fahrersitz eingeklemmt. Ein Helfer versucht die Befreiung des Verunglückten. Bei Gelegenheit wirft er achtlos seine Zigarette auf den Boden, obgleich erkennbar aus dem Unfallwagen Benzin ausläuft. Infolge des somit heraufbeschworenen Brandes entsteht am Wagen ein weiterer Schaden, dessen Ersatz der Eigentümer ebenfalls vom Fahrer verlangt. Hier ist der Eingreifende bei seiner Rettungsaktion grob sachwidrig vorgegangen. Zu einer solchen Verhaltensweise wurde er durch die vom Fahrer zu verantwortende Geschehensentwicklung nicht „herausgefordert". Es kann in einer konkreten Notsituation zwar durchaus verständlich sein, daß ein Helfer wegen der gebotenen Eile Dinge tut, welche den Schadensverlauf noch ungünstiger gestalten, als es bereits der Fall war, z. B. eine falsche Lagerung des Verunglückten, die zu weiteren Verletzungen führt[46], im vorliegenden Beispiel ist jedoch die Grenze zum nicht mehr sachgemäßen Eingriff deutlich überschritten. Hier überwiegt die Verantwortlichkeit des Zweitschädigers so stark, daß er allein für den

---

[39] Vgl. Niebaum, 113.
[40] Eine andere Frage ist, inwieweit der Einschreitende seinerseits zur Verantwortung herangezogen werden kann, bzw. wie das Innenverhältnis zwischen ihm und dem Ersttäter gestaltet ist.
[41] Vgl. etwa Larenz, SR I, 366.
[42] Niebaum, 113; Friese, 217.
[43] RG JW 11, 754; RGZ 102, 230; Rümelin AcP 90, 298.
[44] v. Caemmerer, Kausalzusammenhang, 19.
[45] Niebaum, 112.
[46] Nökel, 100.

zusätzlichen Erfolg haften muß[47]. Zwar war der Entschluß, überhaupt etwas für die Rettung des Verunglückten zu unternehmen, durch die Primärbedingung vorbestimmt worden, nicht jedoch die Art und Weise, in der die Hilfsmaßnahme ins Werk gesetzt wurde.

Liegen dem Einschreiten Motive zugrunde, die von der Rechtsordnung verurteilt werden, so ist eine „Herausforderung" der Zweittat stets dann gegeben, wenn der Dazwischentretende bei seinem Entschluß einzugreifen sowie dem Weg der Ausführung dieses Vorhabens gerade die Tatsache, daß infolge des besonderen Schadenspotentials der durch die Primärbedingung hervorgerufenen Situation für die Güter des Opfers ein Zustand erhöhter Gefährdung geschaffen wurde, berechnend in sein Kalkül aufnehmen konnte. Diese Ausgangsthese sei anhand einiger Beispiele erläutert. Dabei soll gleichzeitig verdeutlicht werden, daß die Problematik der „herausgeforderten Zweittat" in allen Bereichen des Schadensersatzrechts gleichermaßen vorkommt.

Im Rahmen der Gefährdungshaftung ist auf einen Sachverhalt hinzuweisen, den der BGH im Jahre 1962 zu entscheiden hatte[48]. Der Fahrer eines ihm nicht gehörenden Lkws tötete einen zum Zwecke der Personenfeststellung auf das Trittbrett des Autos gestiegenen Polizeibeamten, indem er mit diesem seitlich gegen einen Betonpfeiler fuhr. Die Angehörigen verlangten nun vom Halter des Wagens eine Rente. Hier hat der BGH deswegen zu Recht die Haftung des Beklagten bejaht, weil die eigenverantwortlich dazwischentretende Person gerade die besondere Gefährlichkeit, welche von dem Betrieb eines Lkws ausgeht, zur Verwirklichung ihres Planes ausgenutzt hat. Der Zweiteingriff wurde dadurch also „wesentlich erleichtert"[49].

Ähnliches gilt für den Fall aus dem Bereich der Amtshaftung[50]. Die beklagte Stadt hatte einen Wohnwagenplatz für durchziehende Zigeuner und anderes fahrendes Volk im Stadtwald in unmittelbarer Nachbarschaft des landwirtschaftlichen Gutes des Klägers eingerichtet und später an dieser Stelle planmäßig asoziale und kriminelle Elemente zusammengezogen. Durch die von dort ausgehenden Plünderungen und Diebstähle an Getreide und Weidevieh wurde der Hof des Klägers nach 1945 schwer geschädigt. Auch in diesem Beispiel knüpft die Zweittat an das besondere Schadenspotential der von dem Primärumstand hervorgerufenen Situation an. Die Straftaten sind gerade deswegen unternommen worden, weil die Täter wegen ihrer Vielzahl sowie der Dichte ihrer Lebensverhältnisse kaum damit rechnen mußten, gefaßt zu wer-

---
[47] Larenz, SR I, 366.
[48] BGHZ 37, 311.
[49] Lange JZ 1976, 206.
[50] BGHZ 12, 206.

B. Stellung als autonomes Haftungskorrektiv

den. Erfolgversprechende polizeiliche Ermittlungen waren in dieser Lage nicht möglich. Der Kläger selbst konnte wegen der räumlichen Nähe des Hofes zu dem Wohnwagenplatz und der Übermacht an Schädigern sein Eigentum nicht wirksam schützen. Seine Position war also durch die vorangegangene Amtspflichtverletzung sehr geschwächt worden. Mit gutem Grund hat der BGH ihm daher einen Anspruch gegen die für den Ansiedlungsentscheid verantwortliche Stadt auf Ausgleich der im Zuge der Plünderungen und Diebstähle entstandenen Schäden gewährt[51].

Auch ein Sachverhalt, dessen Problemkern nach deutschem Recht[52] bei § 823 BGB angesiedelt ist, zeigt die tragenden Bewertungsmaßstäbe der hier erörterten Fallgruppe auf. Nach einem seitens des Beklagten verschuldeten Unfall waren mehrere vom Kläger mit seinem Lkw transportierte Fässer auf die Straße gerollt und von dort durch unbekannte Personen entwendet worden. Wie schon in den zuvor geschilderten Beispielen haben die Zweittäter hier ebenfalls die von ihnen vorgefundene günstige Situation für ihre eigene unerlaubte Handlung ausgenutzt. Der Lkw-Fahrer konnte seine Ware unmittelbar nach dem Unfall nicht mehr ausreichend vor Dieben schützen. Dadurch wurden jene zu ihrer Tat „herausgefordert". Der für die hilflose Lage des Opfers verantwortliche Primärschädiger muß die insoweit entstandenen Nachteile ausgleichen.

Die Frage, wann beim Dazwischentreten einer negativ motivierten frei und eigenverantwortlich handelnden Person in den Kausalverlauf ein Haftungszusammenhang besteht bzw. unter welchen Voraussetzungen ein solcher fehlt, läßt sich besonders gut anhand zweier Fälle aus dem Vertragsrecht darstellen. In einer Entscheidung des RG[53] hatte der Beklagte den Kläger beim Verkauf seines Unternehmens betrogen. Einige Monate nach der Übergabe des Betriebs beging der Mitgesellschafter des Klägers Unredlichkeiten, für deren Folge der Kläger einstehen mußte. Gestritten wurde nun darüber, ob der Beklagte auch für den Schaden haftet, den der Geschäftspartner angerichtet hat. Nach Auffassung des RG war die Klage abzuweisen, weil mit der eingetretenen Entwicklung zum Zeitpunkt der Unternehmensveräußerung „vernünftigerweise" nicht mehr gerechnet werden konnte. Soweit man damit einen inadäquaten Geschehensverlauf unterstellte, verdient das Urteil keine Zustimmung. Da der Kläger ohne das betrügerische Vorgehen des Verkäufers den Betrieb nicht erworben hätte und Unredlich-

---

[51] Zustimmend auch Raiser, Haftungsbegrenzung, 88.
[52] Der Streitfall ereignete sich in den USA (mitgeteilt von Lüer, 150); Brauer v. New York Cent & H. R. R. Co., 103 AH 166 (N. J. Ct. Ew. & App. 1918).
[53] RGZ 78, 270.

keiten von Mitgesellschaftern nicht außerhalb jeglicher Lebenserfahrung liegen, ist durch die Tat des Beklagten die Möglichkeit des eingetretenen Nachteils durchaus nennenswert erhöht worden. Vom Ergebnis her hat das RG jedoch zutreffend entschieden. Das schädigende Verhalten des Geschäftspartners stand in keinem inneren Zusammenhang mit der arglistigen Täuschung des Beklagten. Die Zweittat baute nämlich nicht auf dem spezifischen Gefahrenpotential der durch die Primärbedingung geschaffenen Lebenssituation auf. Anders könnte man den Fall nur dann beurteilen, wenn der Betrug so geartet gewesen wäre, z. B. in Form einer Fälschung der Geschäftsbücher, daß der Mitgesellschafter gerade die dadurch entstandene Lage zu weiteren Straftaten ausnutzen konnte. Eine mit dieser vergleichbare Sachlage war Gegenstand der Überprüfung durch den BGH[54]. Der geschäftsführende Gesellschafter eines Unternehmens ließ auf Briefbögen die Nummer eines noch nicht für die Gesellschaft errichteten Kontos aufdrucken. Ein ungetreuer Angestellter eröffnete unter dieser Nummer auf seinen Namen ein eigenes Konto, wodurch es ihm möglich wurde, über die für das Unternehmen eingehenden Gelder zu verfügen. Hier hat der als Zweittäter handelnde Arbeitnehmer gerade die infolge der Vertragspflichtverletzung des Gesellschafters entstandene Gefahrenlage zu seinem eigenen Vorteil ausgenutzt. Durch die ursprüngliche Bedingung waren überhaupt erst die notwendigen Voraussetzungen für das schädigende Dazwischentreten einer weiteren Person gesetzt worden. Dem geschäftsführenden Gesellschafter müssen die für das Unternehmen entstandenen Vermögenseinbußen daher „objektiv zugerechnet" werden[55].

3. Die Zuweisung des verwirklichten Risikos unter dem Gesichtspunkt des Einstehens für die eigene Sphäre

Haftungsbegrenzungen auf Tatbestandsebene sind nicht nur dann geboten, wenn es an der natürlichen Gesetzmäßigkeit zwischen Bedingung und Erfolg fehlt bzw. wenn der erlittene Nachteil nicht auf die freie Selbstbestimmung der in Anspruch genommenen Person zurückgeführt werden kann, sondern sie sind auch dort erforderlich, wo die Gefahr einzelner Verletzungen oder Schäden allein in der Sphäre des Opfers angesiedelt ist. Hier hat das Kriterium des allgemeinen Lebensrisikos seinen wesentlichen Anwendungsbereich[56]. Ein Haftungszusammenhang

---

[54] BGH VersR 1965, 388.
[55] So im Ergebnis auch der BGH.
[56] Insoweit zutreffend Ossenbühl (JuS 1970, 280), der erkennt, daß mit dem Merkmal „allgemeines Lebensrisiko" eine Verantwortlichkeit für Sphären statuiert wird. Dagegen ist die Ansicht von Deutsch (Haftungsrecht, 144) im Schadensersatzrecht gehe es lediglich um Zurechnung nicht aber um Risikoverteilung abzulehnen. Erst beide Prinzipien gemeinsam sind für die Herstellung einer haftungsrelevanten Verbindung zwischen den jeweils in Frage

zwischen gesetzter Bedingung und eingetretenem Nachteil läßt sich unter Berücksichtigung dieses Prinzips nur dann bejahen, wenn die vom anspruchsbegründenden Umstand vermittelte, den Erfolg hervorbringende Gefahrensituation über das hinausgeht, was üblicherweise mit dem Leben der betroffenen Person verbunden ist. In jenem Falle hat sich für ihn ein (durch die Ausgangsbedingung) „gesteigertes" Risiko verwirklicht.

Die Zuweisung eines Schadens zur Sphäre des Opfers stellt eine besondere Form der Garantiehaftung des Herrschers für seinen Machtbereich dar. So fallen, wie auch in anderen rechtlichen Zusammenhängen, z. B. bei dem Problem der Beweislastverteilung in komplizierten, schwer durchschaubaren Organisationen, den Faktoren „Nutzen" und „Möglichkeit der Gefahrsteuerung" eine nicht unwesentliche Bedeutung zu. Jeder Mensch richtet sein Leben grundsätzlich so ein, daß er sich wohlfühlt und er den Anforderungen des Alltags gewachsen ist. Risiken, welche sein Dasein üblicherweise begleiten, gehören demnach zu der Sphäre, für die er selbst verantwortlich ist. Der Anwendungsbereich dieser Regel umfaßt gleichermaßen Verschuldens- wie Gefährdungshaftung. Wenn z. B. eine Person als Zeuge eines harmlosen Zusammenstoßes zweier Pkws einen Schock erleidet, so haftet weder der Fahrer noch der Halter des Autos, welches den Unfall verursacht hat. In beiden Fällen sind Ersatzansprüche ausgeschlossen, weil das allgemeine Lebensrisiko dem Herrschafts- und damit dem Verantwortungs- und Gefahrenbereich des Geschädigten zugewiesen werden muß.

Das Prinzip der Sphäre hat in der allgemeinen Diskussion über Möglichkeiten der Haftungsbegrenzung wiederholt Beachtung gefunden. So sprachen bereits die Gesetzesväter des BGB von der Notwendigkeit einer „Abgrenzung der verschiedenen Rechtskreise"[57]. Während Reinecke auf den Gedanken des Einstehens für die eigene „Sozialsphäre" hinwies[58], betonte Wilburg, daß es bei jedem Schadensersatzanspruch darauf ankomme, wieweit die Gefahrenquellen, die zum Erfolg geführt haben, „auf Seite des Haftenden, auf Seite des Verletzten oder in einer äußeren gewissermaßen neutralen Sphäre" lägen[59]. Von Hübner wurde in jüngster Zeit die Forderung nach einer umfassenden Scha-

---

stehenden Veränderungen der Außenwelt notwendig. Auch Stoll (Handeln, 278) und Reinhardt (AcP 148, 180) sehen nicht ein, warum die angemessene Verteilung der sozialen Wagnisse im Bereich des Deliktsrechts illegitim sein solle.

[57] Mugdan, 1073. Das Wort „Sphäre" kommt aus dem Griechischen und bedeutet „Kugel"; die Projektion dieses geometrischen Gebildes ist aber der Kreis.

[58] Reinecke, 144.

[59] Wilburg, Referat, C 15.

denszurechnung unter Berücksichtigung von „Risikosphären" erhoben[60] und v. Schenck schließlich hat versucht, die Vorstellung von der Sphäre eines Menschen als „Lebens- und Wirkungskreis" zu beschreiben, welcher „eine aus mannigfachen Bestandteilen zusammengesetzte, von einer Persönlichkeit als Kraftzentrum zusammengehaltene begriffliche Einheit" darstelle[61].

Die Zuweisung des verwirklichten Risikos unter dem Gesichtspunkt des Einstehens für die eigene Sphäre ist deutlich abzuheben von der im vorigen Abschnitt behandelten „objektiven Zurechnung". Beiden Kriterien liegen unterschiedliche Prinzipien zugrunde. Während es einmal darum geht, zu prüfen, ob ein Erfolg als vom Willen desjenigen beherrscht gedacht werden kann, der die anspruchsauslösende Bedingung gesetzt hat, wird im anderen Falle untersucht, ob der Nachteil in einem Bereich eingetreten ist, für den eine bestimmte Person ausschließlich verantwortlich ist[62].

Als Ergebnis läßt sich somit festhalten, daß im objektiven Tatbestand der Schadensersatznormen ein Haftungszusammenhang zwischen Ausgangsbedingung und eingetretenem Erfolg vorliegt, wenn beide Faktoren in einer „kausalen", adäquaten" Beziehung zueinander stehen, wenn, im Falle einer Zweittat, deren Vornahme durch die Primärbedingung „herausgefordert" war und wenn der erlittene Nachteil die Verwirklichung eines vom Schädiger „gesteigerten Lebensrisikos" darstellt.

III. Der Gedanke der „spezifischen Gefahrverwirklichung"

Zu einem bemerkenswerten Ergebnis führt die Untersuchung, worin das inhaltlich Gemeinsame der unter II. geschilderten Haftungsbegrenzungselemente besteht. Als Oberbegriff für die Kriterien „Kausalität", „Adäquanz", „herausgeforderte Zweittat" und „allgemeines Lebensrisiko" kann nämlich auf den schon wiederholt aufgetauchten[63] Gedanken der sog. „spezifischen Gefahrverwirklichung" zurückgegriffen werden. Diese Formel, welche die h. M. seither im wesentlichen dem Bereich der Gefährdungshaftung vorbehält[64], verdient demnach umfassende Anerkennung. Sie gilt überall dort, wo der schadensrechtliche Zusammenhang zwischen zwei Ereignissen in Frage steht. Ihre allgemeine

---

[60] Hübner, Schadenszurechnung nach Risikosphären, 1974.
[61] v. Schenk, 23.
[62] Aus diesem Grunde ist der Titel der Arbeit von Hübner „Schadenszurechnung nach Risikosphären" widersprüchlich.
[63] Vgl. S. 79 und S. 83.
[64] Traeger, 300 ff.; Deutsch, Haftungsrecht, 373; Larenz, SR II, 619. Wolf (S. 59) und Huber (JZ 1969, 683) verwenden den Begriff darüber hinaus für die Erfolgszuordnung im haftungsausfüllenden Bereich.

B. Stellung als autonomes Haftungskorrektiv

Bedeutung könnte man dahingehend beschreiben, daß eine Person nur dann für einen Erfolg verantwortlich gemacht werden darf, wenn dessen Entstehung vom besonderen Schadenspotential des gefährlichen Umstandes „geprägt" ist. Sachliche Substanz erhält diese Charakterisierung allerdings erst durch die Ausfüllung mit den verschiedenen Einzelelementen.

Bei der Unrechtshaftung muß sich die Gefahr spezifisch im Hinblick auf das gesetzte Verhalten, bei der Gefährdungshaftung spezifisch im Hinblick auf den Betrieb der risikoträchtigen Sache verwirklicht haben. Hieran fehlt es, wenn der jeweilige anspruchsbegründende Umstand den eingetretenen Erfolg überhaupt nicht verursacht hat, wenn er zwar als dessen Bedingung angesehen werden kann, die zum Schaden führende Geschehensentwicklung jedoch absolut zufällig verlaufen ist, wenn das Verantwortungsübergewicht bei einer anderen Person lag und wenn schließlich das allgemeine Lebensrisiko des Betroffenen durch das die Haftungsfrage auslösende Ereignis keine Steigerung erfahren hat. In allen Fällen wird die Entstehung des erlittenen Nachteils nicht vom besonderen Schadenspotential des gefahrbegründenden Umstandes „geprägt". Dominant sind vielmehr Faktoren, die außerhalb seines Wirkungsbereichs liegen. Daß die Idee der „spezifischen Gefahrverwirklichung" zunächst einmal kaum mehr als ein Programm darstellt, welches ohne präzisere gedankliche Ausgestaltung durch die Kriterien „Kausalität", „Adäquanz", „herausgeforderte Zweittat" und „allgemeines Lebensrisiko" nur wenig hilfreich ist, zeigt sich an folgendem Beispiel. Erleidet jemand als Zeuge eines Verkehrsunfalls einen Schock, so richtet sich der Erfolg eines Ausgleichsanspruchs gegen den Halter des hierfür verantwortlichen Kfz danach, inwieweit die auf das Nervengefüge des Geschädigten treffenden Reize ihrer Art und Intensität nach vergleichbar sind mit solchen, die auch sonst im Leben dieser Person üblicherweise vorkommen[65]. Es geht also letztlich um die Prüfung, ob sich ein „allgemeines" oder ein „gesteigertes" Lebensrisiko verwirklicht hat. Die damit verbundenen Wertungen treten aber kaum offen zutage, wenn man lediglich danach fragt, ob der erlittene Schock „spezifisch" auf den Betrieb des an dem Unfall maßgebend beteiligten Pkws zurückgeht. Eine solch weite Formel kann dem Gebot der Rechtssicherheit nicht genügen. So könnte man hier etwa durchaus die Vorstellung entwickeln, daß der eingetretene Schaden deswegen spezifischer Ausfluß der Kfz-Benutzung ist, weil er in Zusammenhang mit einem Verkehrsvorgang steht. Entscheidend müssen demgegenüber stets die im konkreten Fall tangierten Einzelelemente sein. Sie bestimmen, ob der eingetretene Erfolg vom besonderen Schadenspotential des gefahrbegründenden Umstandes (menschliches Verhalten bzw. Betrieb einer risiko-

---
[65] Vgl. oben S. 56.

trächtigen Sache) „geprägt" ist. Dieser Grundsatz gilt z. B. auch für den Fall, daß jemand einen Hund als Wurfgeschoß benutzt und damit eine andere Person verletzt. Hier lehnt die h. M. eine Schadensersatzpflicht des Halters mit der Begründung ab, daß sich im Hinblick auf den eingetretenen Erfolg keine spezifische Tiergefahr verwirklicht habe[66]. Vom Ergebnis her gesehen läßt sich eine solche Argumentation zwar durchaus hören, sie entbehrt jedoch eines Hinweises auf denjenigen Gesichtspunkt, welcher die getroffene Entscheidung letztlich maßgebend trägt. Genaugenommen scheitert der Ausgleichsanspruch nämlich daran, daß ein Dritter frei und eigenverantwortlich in den Geschehensverlauf eingeschritten ist und seine — negativ motivierte — Tat nicht durch die Primärbedingung, Halten des Hundes, „herausgefordert" wurde. Eine solche Sachlage könnte nur dann angenommen werden, wenn der Betreffende gerade die besondere Tiergefahr für sein schädigendes Einschreiten ausgenützt hätte (z. B. Aufhetzen eines fremden Hundes gegen eine andere Person). Das ist jedoch nicht der Fall. Die Benutzung eines toten Gegenstandes, etwa eines Steines, wäre zur Durchführung des Vorhabens gleich erfolgversprechend gewesen.

Zusammenfassend kann somit festgestellt werden, daß die Idee der „spezifischen Gefahrverwirklichung" zwar das Verständnis für die Problematik der Schadensbegrenzung im objektiven Tatbestand erleichtert, daß jedoch sowohl bei der Verschuldens- als auch bei der Gefährdungshaftung letztlich immer die sehr viel spezielleren Kriterien „Kausalität", „Adäquanz", „Herausforderung" und „allgemeines Lebensrisiko" über die Frage der Erfolgszuordnung entscheiden.

IV. Rangfolge der im objektiven Tatbestand der Schadensersatznormen wirkenden Haftungskorrektive

Die Bemühungen um eine theoretische Entwicklung und präzise inhaltliche Bestimmung der verschiedenen Schadensbegrenzungselemente beruhen auf der Erkenntnis, daß sich eine sachgerechte Erfolgszuordnung weder mit Hilfe einzelner allumfassender Formeln[67] noch im Wege einer ausschließlich am Problem orientierten, topischen Vorgehensweise[68] erreichen läßt. Während die eine Methode nicht in ausreichen-

---
[66] Vgl. Deutsch NJW 1978, 1999 m. w. Nachw.
[67] In der Vergangenheit, zu denken ist besonders an die kontroverse Diskussion um Sinn und Zweck eines Nebeneinanders von Adäquanz- und Schutzzwecktheorie, haben wiederholt Anhänger einer ganz bestimmten Vorstellung ihren Weg als allein brauchbar bezeichnet. Da jedoch bisher keine Formel dem Anspruch gerecht wurde, alle denkbaren Fälle lösen zu können, boten diese Auffassungen immer wieder genügend Angriffsflächen für Kritiker, die dann jedoch oft im Gegenzug ihrerseits ebenfalls eine einzelne Lehre zum unantastbaren Dogma erhoben.
[68] Vgl. hierzu besonders Zippelius, Problemjurisprudenz und Topik, NJW 1967, 2229 f.

dem Maße die Vielgestaltigkeit der realen Lebensverhältnisse berücksichtigt, wurzelt die Schwäche der bloßen Fallgruppenbildung in ihrer zu geringen Aussagekraft hinsichtlich des übergeordneten Sinnzusammenhangs der jeweils zugrunde liegenden Wertungen[69]. Die hier vorgeschlagene Konzeption geht einen Mittelweg. Sie tritt einerseits als geschlossenes System in Erscheinung, andererseits wiederum bedient sie sich zu dessen Ausfüllung einzelner voneinander abgrenzbarer Rechtsprinzipien. Unter Entlehnung eines Begriffs aus dem technisch-physikalischen Bereich kann man die Anwendung der verschiedenen Merkmale auf den im Einzelfall zu begutachtenden Schadenssachverhalt als Filtervorgang bezeichnen. Kein Element ist für sich allein ausreichend. In ihrer Gesamtheit stellen sie jedoch ein Organisationsgefüge dar, welches — fächerartig aufgebaut — in gezielter Arbeitsteilung die jeweils sachgerechte Haftungsbegrenzung heraussiebt[70]. Dabei richtet sich die Rangfolge der verschiedenen Korrektive nach spezifisch dogmatischen Einordnungsgesichtspunkten. Entsprechend der Funktion des Aufbauschemas als ein die Rechtsfindung erleichterndes, nicht mit unmittelbar normativer Wirkungskraft ausgestattetes Hilfsmittel, wird danach gefragt, welche Anordnung der gesetzlichen Voraussetzungen im Normalfall einen überzeugenden Subsumtionsvorgang garantiert.

Unterzieht man die auf der Stufe des objektiven Tatbestandes wirkenden Haftungsbegrenzungsmerkmale einer näheren Überprüfung, so offenbart sich, daß schon unter streng logischem Aspekt das Kriterium der Kausalität an erster Stelle eingeordnet werden muß. Sowohl die Elemente der objektiven Zurechnung als auch das allgemeine Lebensrisiko kommen stets nur dann zur Anwendung, wenn zwischen anspruchsbegründendem Umstand und eingetretenem Erfolg Ursachenzusammenhang besteht. Eine logische Reihenfolge muß aber weiterhin auch im Verhältnis des Adäquanzgedankens zur Vorstellung vom herausgeforderten Zweithandeln angenommen werden. Ist nämlich das mit einem Schadensrisiko belastete Eingreifen einer täterfremden Person in den Geschehensablauf bereits im Primärumstand angelegt gewesen, so hat dieser die nachteilige Folgeentwicklung denknotwendig nennenswert erhöht. Im Hinblick auf die Kausalität und die Merkmale der objektiven Zurechnung läßt sich somit ein dogmatisch eindeutiges Rangverhältnis begründen. Weniger zwingend scheint demgegenüber die Stellung des allgemeinen Lebensrisikos zu sein. Zwischen ihm und dem Kriterium der Adäquanz bzw. des herausgeforderten Zweithandelns kann eine streng logische Reihenfolge nicht nachgewiesen werden. Es

---

[69] Vgl. Lorenz-Meyer, 29: „Der Richter braucht für den Normalfall Wertungsgesichtspunkte, aus denen er seine Entscheidung allgemein ableiten kann und nicht nur einen Hinweis auf bestimmte Fallprobleme."

[70] Rother, Haftungsbeschränkung, 13; Raiser, Haftungsbegrenzung, 14; Görgens JuS 1977, 712.

kommt somit primär auf eine Bewertung der hinter den einzelnen Haftungskorrektiven stehenden Prinzipien und Zielsetzungen an. Dabei ist aber dem Gedanken, daß sich die Regeln des Schadensersatzes ihrer allgemeinen Struktur nach zunächst jeweils an die Person des Delinquenten wenden, entscheidendes Gewicht beizumessen. Die von ihm gesetzte Bedingung ist Ausgangspunkt für die Frage der Inanspruchnahme. Erst in einem zweiten Schritt wird sodann erwogen, ob sich möglicherweise aus der Sphäre des Verletzten Gründe dafür herleiten lassen, die Folgen der eingetretenen Entwicklung dem Betroffenen selbst aufzubürden. Prinzipiell ist somit die Frage der Zurechnung des Schadens zum persönlichen Verantwortungsbereich einer Person gegenüber dem Aspekt der Risikoverteilung vorrangig. Hinzu tritt die Überlegung, daß sich schon aus der Geschichte der Haftungsbegrenzung eine natürliche und überzeugende Reihenfolge der verschiedenen Merkmale ergibt. Es entspricht der allgemeinen Lebenserfahrung, daß in der Regel zunächst solche Neuerungen entwickelt und übernommen werden, für die ein größeres praktisches Bedürfnis besteht. Auch unter diesem Gesichtspunkt erscheint es daher gerechtfertigt, die Kriterien Adäquanz und herausgefordertes Zweithandeln dem Gedanken des allgemeinen Lebensrisikos voranzustellen.

Die Prüfung der Haftungskorrektive des objektiven Tatbestandes der Schadensersatzbestimmungen erfolgt somit in der Reihenfolge „Kausalität", „Adäquanz", „Herausforderung" (nur im Falle eines Zweithandelns) und „allgemeines Lebensrisiko".

Vierter Teil

Allgemein-theoretische Aspekte

A. Rechtsmethodische Begründung

Die Herausarbeitung des Elements „allgemeines Lebensrisiko" sowie der übrigen für die Frage des „Haftungszusammenhangs" maßgebenden Kriterien geschah vor dem Hintergrund und mit dem Ziel, die Verantwortlichkeit einer Person für entstandene Schäden sachangemessen zu begrenzen. Bisher offen geblieben ist jedoch, welche Qualität dieser Vorgehensweise unter dem Aspekt ihrer Einordnung in die bestehende Systematik der Rechtsfindungsmethoden zukommt[1].

Je nach dem Intensitätsgrad der Bindung an das Gesetz wird nach allgemeiner Auffassung[2] zwischen Rechtsfindung „secundum legem", „praeter legem" und „contra legem" unterschieden. Während es bei ersterer vor allem um die Möglichkeit geht, einen fraglichen Norminhalt durch — extensive oder restriktive — Auslegung zu ermitteln, wollen die beiden letzteren — bisweilen als „Rechtsfortbildung" bezeichneten[3] — Methoden dieses Ziel mit Hilfe analoger Einfügungen bzw. durch Korrektur des geschriebenen Gesetzestextes unter Verwendung zusätzlicher von außen herangetragener Beurteilungsmaßstäbe erreichen[4]. Dabei besteht zwischen den einzelnen Verfahrensarten ein Stufenverhältnis. Mit wachsender Abkehr von der als Regelfall anzusehenden Rechtsfindung „secundum legem" hin zu den Formen, welche auf eine Ergänzung bzw. Änderung der jeweiligen Normfassung gerichtet sind, steigen die Anforderungen an die methodische Legitimation für die ge-

---

[1] Zum Teil werden Bemühungen um eine diesbezügliche Klärung wegen der offensichtlichen Erforderlichkeit vielschichtiger, über das Merkmal der Kausalität hinausreichender Haftungsbegrenzungskriterien gar nicht mehr für notwendig erachtet; vgl. z. B. Görgens JuS 1977, 711: „Daß die natürliche Kausalität i. S. d. Äquivalenztheorie nicht ausreicht, um die deliktsrechtliche Verantwortlichkeit des Verletzers zu begründen, steht außer Frage"; oder Bydlinski, 57: „Die kindliche Lehre vom versari in re illicita wird heute nirgends mehr vertreten."

[2] Vgl. zum Folgenden vor allem Larenz, Methodenlehre der Rechtswissenschaft, 1975; Siebert, Die Methode der Gesetzesauslegung, 1958; Heck, Gesetzesauslegung und Interessenjurisprudenz, AcP 112 (1914), 1 ff., bes. 157 ff.

[3] Vgl. Larenz, Methodenlehre, 350 ff.

[4] Friese, 103.

wählte Vorgehensweise[5]. Grundsätzlich muß daher zunächst jene Stufe ausgeschöpft werden, welche sich am engsten an die der einzelnen Bestimmung unmittelbar selbst innewohnenden Wertungsgesichtspunkte hält.

Für den vorliegenden Problemkreis wird nahezu einmütig angenommen, daß eine Haftungsbegrenzung, die neben dem Erfordernis der Kausalität noch auf weitere ergänzende Korrektive zurückgreife, nicht mehr im Wege der Auslegung gewonnen werden könne, sondern daß es hierfür bereits der Methode der Rechtsfortbildung bedürfe[6]. Zur Begründung dieser Ansicht verweist man in erster Linie auf den limitierenden Charakter der sog. philologisch-grammatikalischen Gesetzesinterpretation. Danach stelle der vom Sprachgebrauch gerade noch umfaßte Wortsinn die äußerste Grenze jeder Auslegung dar, wohingegen eine Deutung, die solchen Anforderungen nicht mehr genüge, als „offene Rechtsfortbildung" zu bezeichnen sei[7]. Hieran anknüpfend meinen besonders Larenz, Friese und Heuer, daß die in den einzelnen Schadensersatznormen verwendeten Begriffe lediglich das Merkmal der Kausalität abdeckten und demzufolge schon die Hinzuziehung des Adäquanzerfordernisses auf den allgemeinen Grundsätzen der Normergänzung beruhe[8]. Neben diesem mehr formalen Aspekt wird zusätzlich noch geltend gemacht, daß jede über den Verursachungsgedanken hinausgehende Haftungsbegrenzung gleichzeitig eine Verwerfung des vom Gesetzgeber ausdrücklich angeordneten Alles-oder-Nichts-Prinzips impliziere[9]. Damit entstehe aber eine Sachlage, welche unter dem speziellen Gesichtspunkt der historischen Auslegung unlösbare Probleme aufwerfe. Ob die insoweit vorgebrachten Gründe tatsächlich nur eine Rechtsfindung „praeter" oder gar „contra legem" zulassen, sei nachfolgend untersucht.

Herkömmlicherweise beginnt jede Auslegung eines Gesetzestextes mit dem Wortlaut[10]. Für die Frage, inwieweit die Elemente des Haftungszusammenhangs unmittelbar den verschiedenen Bestimmungen des Schadensersatzrechts entnommen werden können, sind jene Wendungen und Begriffe heranzuziehen, welche auf die Verknüpfung von

---

[5] Friese, 105.
[6] Larenz, Festschr. Nikisch, 283; Heuer, 150; Friese, 107; Niebaum differenziert: eine Begrenzung der Haftung im Hinblick auf die Primärverletzung soll durch Auslegung möglich sein (S. 47, 51). Demgegenüber greife bei den Sekundärerfolgen die Methode der teleologischen Reduktion, also eine Form der Lückenausfüllung, Platz (S. 128).
[7] Larenz, Methodenlehre, 309; Heck, AcP 112, 132 f.
[8] Larenz, Diskussionsbeitrag, C 49: „Der daraus entstandene Schaden kann nur heißen — der ‚ursächlich' daraus entstandene Schaden"; Friese, 106/107; Heuer, 150, 169.
[9] Heuer, 148; v. Caemmerer DAR 1970, 283/284.
[10] Larenz, Methodenlehre, 307.

A. Rechtsmethodische Begründung

gefahrbegründendem Umstand und eingetretenem Erfolg Bezug nehmen. Dabei handelt es sich im wesentlichen um die Ausdrücke „verletzt", „tötet", „behauptet" etc.[11] und „den daraus", „durch die Nichterfüllung", „durch den Verzug" etc. „entstehenden Schaden". Schon bei vordergründiger Betrachtung ist nun allerdings nicht recht einzusehen, warum sich hieraus zwingend ergeben soll, daß alle lediglich in kausalem Zusammenhang mit dem Haftungsfaktor stehenden Nachteile — soweit sich nicht aus den Stufen „Rechtswidrigkeit" und „Verschulden" etwas anderes ergibt — dem Verantwortungsbereich der jeweils in Betracht kommenden Person unterliegen. Es würde wohl keiner der genannten Wendungen Gewalt angetan, wenn man verlangte, daß nur der Erfolg zugeordnet wird, dessen Eintritt vom besonderen Schadenspotential des gefahrbegründenden Umstandes „geprägt" ist. Nur ein solcher Nachteil wäre dann „daraus entstanden". Hält man sich weiterhin vor Augen, daß bei der Deutung des Wortlauts eines Textes grundsätzlich vom allgemeinen Sprachgebrauch auszugehen ist[12], so stößt die einseitige Hervorhebung des Verursachungsgedankens auf noch erheblichere Bedenken. Es mutet in der Tat recht befremdlich an, wenn man auch denjenigen als „Verletzter" bezeichnet, der einen anderen zu einem Spaziergang angeregt hat, in dessen Verlauf dieser von einem Räuber überfallen wird. Hier liegt zwar ein kausales Geschehen vor, die Tatbestandsmäßigkeit muß jedoch wegen fehlender „Herausforderung" des Zweithandelns entfallen. Nach alledem kann festgestellt werden, daß sich die für die Frage des Haftungszusammenhangs maßgebenden Kriterien, also auch das Element des allgemeinen Lebensrisikos, durchaus auf der Basis einer philologisch-grammatikalischen Gesetzesauslegung gewinnen lassen.

Im Anschluß an die Erforschung des Wortsinns, der gewissermaßen das Feld absteckt, auf dem sich die weitere Interpretation einer Vorschrift vollzieht, gilt es zu klären, in welchem Umfang sich die Haftungsbegrenzungskriterien des objektiven Tatbestandes in die bestehende Regelungssystematik des privatrechtlichen Normengefüges einpassen[13]. Es ist ein allgemeiner, nicht nur im juristischen Bereich Gültigkeit beanspruchender Grundsatz, daß der Bedeutungsgehalt einer Formulierung stets durch ihren Kontext mitbestimmt wird. Als genereller Ausgangspunkt für die hiernach anzustellende Beurteilung ist das erkennbare Bestreben der einzelnen Schadensersatzbestimmungen hervorzuheben, den gerechten Ausgleich eingetretener Nachteile nicht mit einem archaischen Verursachungsdogma bewerkstelligen zu wollen, sondern ihn stets unter dem Aspekt der „Verantwortlichkeit", sei es

---
[11] Diese Wörter beinhalten sowohl ein Verhalten als auch einen Erfolg.
[12] Larenz, Methodenlehre, 307.
[13] Vgl. Larenz, Methodenlehre, 311.

für eine menschliche Willensentäußerung, sei es für eine bestimmte Risikosphäre, zu sehen[14]. Die Vorstellung vom versari in re illicita ist inzwischen endgültig überwunden[15].

Konzentriert man die Prinzipien der systematischen Gesetzesinterpretation auf die für den Haftungszusammenhang relevanten Einzelelemente, so läßt sich feststellen, daß die Grundgedanken jener Kriterien bereits in vielfacher Weise in einzelnen privatrechtlichen Vorschriften angelegt sind. Schon Traeger hat beispielsweise aus den wechselseitigen Verschachtelungen des Gesamtgefüges der Ersatznormen logisch hergeleitet, daß die Adäquanzprüfung zur Feststellung der Verantwortlichkeit einer Person für einen Erfolg prinzipiell erforderlich ist[16]. Er verweist hierzu auf die Vorschriften der §§ 287 S. 2 und 848 BGB, in denen der Gesetzgeber ausdrücklich eine Haftung auch für bloß zufällig verursachte Folgen angeordnet hat. Daraus läßt sich, entsprechend dem Grundsatz des argumentum e contrario, die Schlußfolgerung ziehen, daß in den übrigen Fällen der Rechtsverletzung eine so weitgehende Haftung nicht begründet werden soll. Würde das Gebot zum Ausgleich des „durch den Verzug entstehenden" Schadens i. S. d. § 286 I BGB nicht gleichzeitig die Begrenzung der Verantwortlichkeit auf den adäquat verursachten Vermögensnachteil beinhalten, so wäre die Vorschrift des § 287 S. 2 BGB obsolet, da sich die Ersatzpflicht dann schon aus § 286 I BGB ergäbe[17].

Auch im Hinblick auf die Existenzberechtigung des Kriteriums „herausgeforderte Zweittat" können dem Gesetz deutliche Anhaltspunkte entnommen werden. Niebaum hat nachgewiesen, daß die den §§ 830 I 1, II, 831, 832, 840 I und 254 BGB zugrunde liegenden Wertungen generell auf eine Ablehnung der reinen Kausalhaftung des Primärschädigers für solche Folgen hinauslaufen, die aus dem Einschreiten einer anderen Person in die Geschehensentwicklung resultieren[18]. Besonders deutlich zeigt sich dies am Beispiel des § 830 II BGB. Da der Anstifter als Erstverantwortlicher denknotwendig ursächlich für die vom Haupttäter angerichteten Nachteile ist, wäre die ausdrückliche Statuierung einer Einstandspflicht überflüssig, wenn § 823 I BGB für diese Fälle einen unbegrenzten Anwendungsbereich besäße[19].

Was schließlich den Gedanken des allgemeinen Lebensrisikos angeht, so kann festgestellt werden, daß innerhalb des Privatrechts mehrfach

---

[14] Vgl. Friese, 111.
[15] Bydlinski, 57.
[16] Traeger, 224.
[17] Vgl. Keuk, 259; Medicus, 82.
[18] Vgl. umfassend Niebaum, 75 ff.
[19] Keuk, 184.

A. Rechtsmethodische Begründung

Regelungen anzutreffen sind, die sich auf das Prinzip der Verantwortlichkeit für den eigenen Daseinsbereich gründen. Hierzu gehören vor allem die Vorschriften der §§ 446 I 1 und 588 I 1 BGB, in denen sich die mit dem Begriff der Sphäre verbundenen Elemente „Interesse" und „Macht" nachweisen lassen[20]. Wer die tatsächliche Gewalt über eine Sache besitzt, kann diese nicht nur für sich nutzen, sondern er hat auch die Möglichkeit, das Gefahrenpotential, welches ihr droht, je nach aufgewendeter Sorgfalt zu beeinflussen und zu steuern. Die insoweit vorhandenen Chancen und Risiken hängen demnach weitestgehend von der individuellen Daseinsgestaltung des jeweiligen Menschen ab. Ähnliches gilt für die im Arbeitsrecht vorherrschende sog. Sphärentheorie. Ihre normative Wurzel wird zum Teil in § 645 BGB gesehen, einer Vorschrift, die dem römisch-rechtlichen Institut der locatio conductio entstammt[21]. Sie ordnet an, daß die Gefahr des Untergangs, der Verschlechterung bzw. der Unausführbarkeit des in Auftrag gegebenen Werkes schon vor der Abnahme vom Besteller zu tragen ist, wenn der schadenstiftende Umstand in dessen persönlichem Lebensbereich (hier: Gestellung des Arbeitssubstrats, Erteilung von Weisungen) gelegen war. Schließlich enthält auch der den Bestimmungen des Schadensrechts unmittelbar vorgelagerte Gedanke des „casum sentit dominus", wonach ein erlittener Verlust grundsätzlich auf demjenigen Vermögen haften bleibt, welches er wegen der einmal vorhandenen Güterverteilung und des Naturlaufs zunächst betroffen hat[22], im Ergebnis eine Bestätigung für das „allgemeine soziale Risiko" und damit für die eigene Daseinsgestaltung des Menschen[23].

Unter gesetzessystematischem Aspekt bestehen somit keine Bedenken, die zur Bestimmung des Haftungszusammenhangs für erforderlich gehaltenen Einzelkriterien im objektiven Tatbestand der Schadensersatzvorschriften anzusiedeln. Eine Auslegung dieser Bestimmungen in dem Sinne, daß neben dem unproblematischen Merkmal der Kausalität auch die Elemente „Adäquanz", „herausgeforderte Zweittat" und „allgemeines Lebensrisiko" zu den notwendigen Voraussetzungen gehören, steht nicht nur in sachlicher Übereinstimmung mit dem Gesamtgefüge des privatrechtlichen Regelungskomplexes, sondern wird von diesem teilweise sogar zwingend gefordert.

Das für die Frage der Auslegung auf den ersten Blick größte Problem scheint in der Zurückführung der Kriterien des Haftungszusammenhangs auf den Willen des historischen Normgebers zu liegen. In den Materialien zum BGB finden sich nämlich Aussagen der am Entste-

---
[20] Vgl. dazu v. Schenck, 261.
[21] Söllner AcP 167, 143; v. Schenck, 47; vgl. auch Kalb, 51/52.
[22] Rümelin, Gründe, 13, 14.
[23] So auch Hübner, Risikosphären, 57.

hungsprozeß beteiligten Gremien, welche den Schluß nahelegen könnten, jede Begrenzung eines Schadensersatzanspruchs über das Merkmal der Ursächlichkeit hinaus stehe nicht mehr im Einklang mit der von den Vätern des Gesetzes verfolgten Regelungsabsicht. So ist z. B. die Rede davon, „daß unter der Verpflichtung zum Schadensersatz durchgehends die Verpflichtung zur Leistung des ganzen Interesses zu verstehen ist"[24]. Mit dieser — vor allem von Friedrich Mommsen[25] theoretisch erarbeiteten Grundentscheidung, dem sog. „Alles-oder-Nichts-Prinzip" soll, wie bereits erwähnt, nach Heuer und v. Caemmerer eine Schadenszuordnung unter Verwendung des Adäquanzgedankens oder anderer Kriterien unvereinbar sein[26]. Hierbei wird jedoch verkannt, daß die Motivation des Gesetzgebers für den von ihm bezogenen Standpunkt primär in der Furcht vor einer Aushöhlung des ius certum durch die noch im preußischen Landrecht praktizierte Regel, wonach für den Umfang der Schadensersatzpflicht auf die Art und den Grad des Verschuldens abzustellen ist, begründet lag. Man wollte unter allen Umständen vermeiden, daß „moralisierende oder strafrechtliche Gesichtspunkte" in das Privatrecht hineingezogen werden[27]. Darüber hinaus sollte auch die Stellung des Richters, der im Falle eines abgestuften Ausgleichsanspruchs bei seiner Entscheidung über einen relativ großen Ermessensspielraum verfügt hätte, nicht zu stark ausgeweitet werden[28]. Keines dieser Bedenken trifft nun aber auf die Einführung der vorgeschlagenen Haftungskorrektive als Kontrollinstanzen für die Verbindung zwischen gefahrbegründendem Umstand und erlittenem Nachteil zu. Das Prinzip der Totalreparation bleibt gewahrt. Eine differenziertere Betrachtung erfährt insoweit lediglich die Problematik der „qualitativen" Erfolgszuordnung, da mit Hilfe der Kriterien „Adäquanz", „herausgeforderte Zweittat" und „allgemeines Lebensrisiko" die Möglichkeit eröffnet wird, in höherem Maße als bisher gewisse „Schadensarten" von der Ersatzpflicht auszunehmen[29]. Eine „quantitative" Orientierung der jeweils entstandenen Vermögenseinbuße an der Eigenart des haftungsbegründenden Umstandes liegt darin nicht.

An anderer Stelle der Materialien zum BGB findet sich folgender Satz[30]: „Der Täter, einmal vorsätzlich oder fahrlässig verletzend, ist dann für jeden dem Geschädigten durch die Handlung verursachten Schaden verantwortlich und es bleibt nur übrig, den ursächlichen Zu-

---

[24] Motive II, 17.
[25] Mommsen, Beiträge zum Obligationsrecht 1855.
[26] Heuer, 148; v. Caemmerer DAR 1970, 283/284.
[27] Motive II, 17.
[28] Motive II, 17.
[29] Hauss, C 32.
[30] Motive II, 728.

sammenhang zwischen der Handlung und dem Schaden festzustellen." Damit hat der Gesetzgeber offenbar ausdrücklich angeordnet, daß neben dem Kriterium der Kausalität keine weiteren Haftungskorrektive, etwa in der Art des Adäquanzerfordernisses, herangezogen werden dürfen. Eine solche Schlußfolgerung ist allerdings nur dann zulässig, wenn die inhaltliche Ausfüllung, welche der Begriff „Verursachung" am Ende des 19. Jahrhunderts in der rechtswissenschaftlichen Diskussion erfahren hat, mit der nach heutigem Erkenntnisstand vorgenommenen identisch ist. Dies muß jedoch verneint werden. Die Väter des BGB gingen von einer restriktiven Interpretation der Kausalität aus[31]. Man entwickelte eine Verursachungslehre „im juristischen Sinne", die es erlaubte, einzelne Bedingungen für die Folgenhaftung außer Betracht zu lassen[32]. Ein markantes Beispiel für die Auffassung der damaligen Zeit zur geschilderten Problematik läßt sich unmittelbar aus den Materialien entnehmen[33]. So wird bei der Begründung des heutigen § 287 S. 2 BGB bemerkt, daß der Kausalzusammenhang zwischen dem Schaden und dem Verzuge des Schuldners „zerschnitten" sei, wenn der durch den betreffenden Zufall entstandene Vermögensnachteil auch im Falle rechtzeitiger Leistung entstanden wäre. Hier tritt evident zutage, daß der Gesetzgeber den Gedanken der Verursachung nicht im Sinne der philosophischen Interpretation gemeint haben kann. Das bedeutet aber weiterhin, daß er es grundsätzlich für möglich hielt, im Wege eines solchen von Literatur und Rechtsprechung allmählich zu substantiierenden juristischen Kausalbegriffs zusätzlich neben den bereits durch Anwendung der Conditioformel wegfallenden auch noch andere Schadenserfolge von der Haftung auszunehmen[34]. Da man heute eine interdisziplinär einheitliche Definition des Ursachenzusammenhangs für richtig hält, können die Kriterien „Adäquanz", „herausgeforderte Zweittat" und „allgemeines Lebensrisiko" hierin keinen Eingang finden. Sie führen vielmehr ein dogmatisches Eigenleben. Mit dem Gedanken der Kausalität sind sie allerdings insofern verbunden, als sie gemeinsam darüber entscheiden, wann ein Haftungszusammenhang zwischen anspruchsbegründendem Umstand und eingetretenem Erfolg besteht.

---

[31] Friese, 11.
[32] Traeger, 73 ff.
[33] Motive II, 65.
[34] So auch Friese, 11; Traeger, 237; Larenz NJW 1955, 1012. Die Väter des BGB haben durchaus gesehen, daß der andauernde technische Fortschritt und die zunehmende Veränderung der sozialen Strukturen nach einem kontinuierlichen Prozeß der Anpassung des Schadensersatzrechts an die vorhandenen Lebensverhältnisse verlangen. So verkündet Nieberding anläßlich der 1. Beratung des BGB am 7. 2. 1896 (Stenographische Berichte, 5): „Der Entwurf tritt in die Öffentlichkeit an der Neige eines Jahrhunderts, welches den modernen Staat geboren hat."

Als letzte und vielfach entscheidende Auslegungsmethode gilt die objektiv-teleologische Gesetzesinterpretation[35]. Sie trägt der Tatsache Rechnung, daß die Anschauungen über den Regelungsgehalt einer Vorschrift stets durchformt sind von der jeweils bestehenden realen und geistigen Situation des Soziallebens. In besonderem Maße spürbar ist dieser Einfluß auf dem Gebiet des Schadensersatzrechts. Wegen der erhöhten Abhängigkeit jenes Normengefüges von den sich rasch wandelnden ethischen, sozialen und ökonomischen Daseinsstrukturen entfaltete sich dort schon kurz nach Inkrafttreten der einzelnen Bestimmungen eine Wirksamkeit, die weit über den Rahmen dessen hinausging, was dem Gesetzgeber bei der Erarbeitung seiner legislatorischen Konzeption bewußt vor Augen gestanden hat. Namentlich ist das insoweit der Fall, als von einer Vorschrift Lösungen für Problemkreise erwartet werden, die zum Zeitpunkt der Verabschiedung des Gesetzes noch nicht einmal ansatzweise erkennbar gewesen sind[36]. Hier muß dann die vom konkreten historischen Ursprung weitgehend abgesonderte Frage nach der immanenten „ratio" der zu untersuchenden Regelung gestellt und beantwortet werden[37]. Bei der vorliegenden Thematik ist die auf sachgemäße Streitentscheidung zielende objektive Zwecksetzung des Schadensausgleichs zu ermitteln. Dabei geht es vor allem um die Ausgewogenheit der Ersatznormen im Sinne einer umfassenden Berücksichtigung der jeweils vorhandenen Interessen.

Der Rechtssatz, nach dem in bestimmten Fällen ein entstandener Nachteil abgewälzt werden kann, basiert auf der Überzeugung, daß es niemand entschädigungslos hinzunehmen braucht, wenn eine andere Person in seinen Lebensbereich eindringt und ihm zugeordnete Güter verletzt oder dauerhaft in ihrem Wert herabmindert. Um einen zum Ersatz verpflichtenden Vorstoß in die Sphäre des Mitmenschen kann es sich billigerweise jedoch nur dann handeln, wenn gerade der Eingreifende die für den Betroffenen bestehende Gefahrensituation ungünstig verändert hat. Hingegen darf dort, wo der pure Zufall regiert bzw. wo ein anderer Rechtsgenosse das Geschehen eigentätig in die Hand nimmt, ebensowenig eine Verantwortlichkeit des Urhebers der Ausgangsbedingung begründet werden, wie in dem Falle, daß sich lediglich eine Gefahr verwirklicht, die auch sonst im Leben des Geschädigten existiert. Anderenfalls würde das Interesse des in seinem Vermögensbestand Beeinträchtigten über Gebühr in den Vordergrund gestellt. Nur dann, wenn eine Person gewissermaßen künstlich das allgemeine soziale Risiko ihres Mitmenschen angehoben hat, also eine spezi-

---
[35] Vgl. dazu Larenz, Methodenlehre, 322 ff.; Rehbinder, 26/27.
[36] Siebert, 41.
[37] Siebert, 9/10.

fische Gefahr entstanden ist, soll nach der objektiven Zwecksetzung des Schadensrechts Ersatz geschuldet werden.

Es hat sich somit gezeigt, daß hinsichtlich der verschiedenen Haftungsbegrenzungskriterien des objektiven Tatbestandes, insbesondere also auch der Vorstellung vom allgemeinen Lebensrisiko, keine Lücke im Gesetz angenommen werden muß. Ihre Existenzberechtigung läßt sich vielmehr durch „Auslegung" der einzelnen Schadensersatzbestimmungen nachweisen.

B. Rechtspolitische und rechtsphilosophische Begründung

In der juristischen Diskussion ist wiederholt die Frage aufgeworfen worden, welche inneren Gründe es überhaupt geboten erscheinen lassen, die Verantwortlichkeit des rechtswidrig schuldhaft Handelnden im Wege der Anerkennung daseinsüblicher Gefährdungen auf Kosten des schuldlos Geschädigten zu begrenzen[38]. Wenngleich für eine um tiefergreifendes Verständnis bemühte und nach möglichst umfassender Vollständigkeit trachtende Darstellung des Problembereichs „allgemeines Lebensrisiko" die Auseinandersetzung mit diesem grundsätzlichen Aspekt eine unabweisbare Notwendigkeit ist, so muß angesichts der Vielfalt möglicher Denkrichtungen[39] doch in Kauf genommen werden, daß die Beantwortung der gestellten Frage lediglich mit aller Vorläufigkeit und Begrenztheit versucht werden kann. Die hierfür maßgebenden Überlegungen sind nicht nur auf rechtspolitische, sondern auch auf rechtsphilosophische Gesichtspunkte zu erstrecken. Gerade die Berücksichtigung der realen Vorgegebenheiten des menschlichen Daseins ist für eine überzeugende theoretische Begründung normativer Entscheidungsabläufe von hervorragender Bedeutung[40].

Ob die Verwendung des Kriteriums „allgemeines Lebensrisiko" einen Schritt in Richtung auf mehr Ausgewogenheit im Rahmen der Haftungsbegrenzungsproblematik darstellt und insofern einen positiven Beitrag zur Wahrung des allgemeinen Rechtsfriedens leisten kann, hängt wesentlich davon ab, welche Interessen durch einen Schadensfall berührt werden und wie jene im Verhältnis zueinander gewichtet sind.

Im Vordergrund der Beurteilung stehen zunächst die Wünsche, Hoffnungen und sonstigen Zielvorstellungen der unmittelbar am Konflikt beteiligten Personen. Während der Kläger seinen vorhandenen Bestand an Gütern und Rechten garantiert haben will, liegt dem Beklagten

---

[38] Vgl. Staudinger / Schäfer § 823 Rdz. 450 b; er meint, daß eine überzeugende Begründung für eine solche Sicht der Haftungsfrage noch ausstehe.
[39] Vgl. Hoerster JZ 1977, 415.
[40] Vgl. etwa die Bemerkung von Larenz (Methodenlehre, 406 ff.) zum Ordnungselement „Natur der Sache".

daran, sich möglichst frei und ohne Furcht vor drohenden Ausgleichspflichten bewegen zu können[41]. Beide Interessen sind vom Gesetzgeber als grundsätzlich schutzwürdig anerkannt worden. Wenn etwa die Normen des Schadensersatzrechts vorschreiben, daß unter bestimmten Voraussetzungen der von einer Person erlittene Nachteil auf einen Dritten abgewälzt werden kann, so liegt darin eine prinzipielle Bestätigung des vermögensmäßigen status quo des Klägers. Andererseits wird aber auch dem Bedürfnis nach weitreichender Handlungsfreiheit des Beklagten Rechnung getragen. Die — heute mit Verfassungsrang ausgestattete — Grundentscheidung, wonach die persönliche Entfaltung des Menschen zu respektieren und zu fördern ist, hat schon in den Materialien zum BGB Erwähnung gefunden. Damals wurde als ein wesentlicher Aspekt für die Entwicklung und Einführung des Verschuldensprinzips die Sorge um den Bewegungsspielraum des einzelnen angesehen[42]. Man erkannte, daß der Mensch nur dann bereit ist, tätige Verantwortung zu übernehmen, wenn die Rechtsordnung sein Risiko für mögliche Schäden nicht überspannt[43].

Bei Abwägung der somit herausgestellten Parteiinteressen ist im Hinblick auf die Sachgerechtigkeit des Kriteriums „allgemeines Lebensrisiko" von der ursprünglichen Gefahrensituation vor Eintritt des haftungsbegründenden Umstandes auszugehen. Hier läßt sich nachweisen, daß jedermann in seinem täglichen Dasein bestimmten Schadensmöglichkeiten ausgesetzt ist, die ihn latent begleiten und denen er sich selbst unter Vornahme größter Anstrengungen nicht völlig entziehen kann[44]. Auch der streng abgeschieden lebende Eremit muß beispielsweise stets damit rechnen, krank zu werden. Lediglich Art und Umfang dieser Gefährdungen sind je nach der Lebensweise des einzelnen verschieden. Hat sich nun ein solches Risiko verwirklicht, so muß entsprechend dem Grundsatz „casum sentit dominus" der Verletzte schon allein deswegen für den Schaden selbst aufkommen, weil gar keine andere Person ersichtlich ist, welche ihm die erlittenen Einbußen abnehmen könnte. Insoweit wird also zunächst einmal nur für rechtsverbindlich erklärt, was durch die Gestaltung der natürlichen Verhältnisse bereits zwingend gefordert wird. Über diesen Aspekt hinaus kann jene Gefahrtragungsregel aber auch in vollem Umfange das Attribut der Sachangemessenheit für sich beanspruchen. Da mit der Zuordnung einer Rechtsposition prinzipiell gleichzeitig die Möglichkeit verbunden ist, nach Belieben persönlichen Nutzen aus ihr zu ziehen, hat es sich der solchermaßen Begünstigte billigerweise gefallen zu lassen, daß ihm die allge-

---

[41] Vgl. Lüer, 117.
[42] Mugdan, 1074.
[43] Heuer, 114; v. Caemmerer, Kausalzusammenhang, 17.
[44] Lüer, 141; Huber, Festschr. Wahl, 323; Giesen NJW 1968, 1407.

B. Rechtspolitische und rechtsphilosophische Begründung

meinen Risiken des Lebens hin und wieder auch einmal Verluste an seinem Güterbestand eintragen. Diese Bewertung muß nun aber ebenfalls dann gelten, wenn der Eintritt des aus einer üblichen Daseinsgefährdung entspringenden Nachteils zufällig kausal auf eine unerlaubte Handlung oder das Halten bzw. Betreiben einer mit Wagnissen verbundenen Anlage zurückzuführen ist[45]. Hier hat der für die ursprüngliche Bedingung Verantwortliche in der Regel nämlich nicht mehr getan, als das Geschehen von dem für den Betroffenen nach dem unbeeinflußten Verlauf der Dinge gerade aktuellen Kreis allgemeiner Lebensrisiken auf einen anderen umzulenken. Dies kann ihm jedoch nicht in der Weise angelastet werden, daß der dem Satz „casum sentit dominus" zugrunde liegende Gerechtigkeitsgehalt in Frage gestellt wäre. Eine solche Sachlage ist vielmehr nur dann anzunehmen, wenn der haftungsbegründende Umstand eine Situation herbeigeführt hat, welche im Dasein des Geschädigten üblicherweise nicht vorzukommen pflegt. In diesem Falle hat das Interesse des Klägers an der Erhaltung seiner Rechts- und Gütersphäre Priorität gegenüber demjenigen des Beklagten an möglichst ungehinderter Entfaltung seiner Persönlichkeit. Eine sanktionslose Hinnahme auch solcher Eingriffe ist ihm nicht zumutbar.

Das rechtspolitische Anliegen, über eine ausgewogene Berücksichtigung der in einem Schadensfall gegenüberstehenden Interessen zu einer möglichst zweckmäßigen Regelung der Haftungsfrage zu gelangen, erfordert auch die Einbeziehung öffentlicher Zielvorstellungen in den Entscheidungsprozeß. Dabei ist zunächst darauf hinzuweisen, daß die durch Anerkennung des Kriteriums „allgemeines Lebensrisiko" noch verstärkte Hervorhebung des Gedankens der Handlungsfreiheit nicht nur einen individualistischen, sondern gleichzeitig einen kollektiven Aspekt beinhaltet. Zwischen der Größe des menschlichen Bewegungsspielraums und der Weiterentwicklung des technischen Fortschritts besteht ein Verhältnis der direkten Proportionalität. Je mehr der einzelne befürchten muß, daß er mit den negativen Folgen seiner Handlungen belastet wird, desto eher droht seine persönliche Initiative zu verkümmern. Auf der anderen Seite wird aber derjenige erhöht zu Wagnissen bereit sein, dem die Rechtsordnung einen angemessenen Freiraum für sein Tun zubilligt[46]. Jede Begrenzung der Haftung liegt somit zunächst einmal durchaus im allgemeinen Interesse einer qualitativen Verbesserung der Lebensverhältnisse. Umgekehrt besteht jedoch über den privaten Bereich hinaus auch ein Interesse der Gemeinschaft am Bestand der vorhandenen Güter und Werte. Eine Zunahme des Gefahrenarsenals als Folge der Begünstigung des potentiellen Verletzers durch ein

---
[45] Im Ergebnis ebenso: Lüer, 124/125; Lorenz-Meyer, 60; Hübner, Risikosphären, 65; Lanz, 189.
[46] Vgl. Deutsch, Haftungsrecht, 27.

liberales Schadensersatzrecht bringt zwangsläufig auch größere volkswirtschaftliche Nachteile mit sich. Einmal eingetretene Verluste sind vom gesamtgesellschaftlichen Standpunkt aus betrachtet unwiederbringlich; sie können nicht mehr aufgeholt werden[47]. Insofern muß sich eine Rechtsordnung stets davor hüten, Fortschritt um jeden Preis zu begünstigen.

Ob das Kriterium des allgemeinen Lebensrisikos für sich betrachtet in der Lage ist, einen spürbaren Einfluß auf die dargestellten wechselseitigen Mechanismen auszuüben, erscheint angesichts der mannigfaltigen Faktoren, die dabei eine Rolle spielen, zweifelhaft[48]. Eine wesentliche Bedeutung kommt ihm freilich insofern zu, als seine Anerkennung bzw. Ablehnung gleichzeitig eine grundsätzliche Stellungnahme zu der Frage beinhaltet, ob das System der Haftungsbegrenzung extensiv oder restriktiv gehandhabt werden soll. Da letztendlich aber, wegen der faktischen Verzahnung des Merkmals „allgemeines Lebensrisiko" mit den sonstigen das Kräfteparallelogramm des gesellschaftlichen Strukturgefüges beeinflussenden Elementen, kaum einigermaßen sicher nachprüfbar ist, ob unter gesamtwirtschaftlichem Aspekt bei Saldierung der mit bzw. ohne Verwendung dieses Kriteriums gegenüberstehenden Vor- und Nachteile — einerseits positiv wirkender Fortschritt, andererseits Zunahme des Schädigungspotentials — jeweils ein Plus oder Minus entsteht, kann der Gedanke des allgemeinen Lebensrisikos insoweit zunächst weder zu Gunsten der einen noch der anderen Seite als beweiskräftiges Argument in die Waagschale geworfen werden. Diese Sicht ändert sich allerdings dann nicht unerheblich, wenn man weiterhin auch die Situation *nach* Eintritt eines Schadensfalles in die Bewertung mit einbezieht. Hier sprechen die Gesetze der Ökonomie eindeutig dafür, die entstandenen Verluste beim Opfer selbst zu belassen[49]. Gewährt man nämlich in großem Umfange die Möglichkeit, erlittene Vermögenseinbußen auf andere Personen zu übertragen, so wird aufs ganze gesehen nicht nur nichts gewonnen — der untergegangene Wert ist ja unwiederbringlich verloren —, sondern man muß sogar noch erheblich zuzahlen, weil der Ausgleichsvorgang selbst — seine rechtliche Normierung ebenso wie seine tatsächliche Durchführung — einen weiteren Aufwand und somit Kosten verursacht[50]. Zu Recht stellt daher Weyers

---

[47] Kötz, Deliktsrecht, 17; Migsch, 5.
[48] Zur Wirksamkeit des Präventionsgedankens im Schadensersatzrecht vgl. Weyers, 449 ff.
[49] Im angelsächsischen Rechtskreis gilt in diesem Zusammenhang der Grundsatz: „Sound policy lets losses lie where they fall except where a special reason can be shown for interference" (Kötz, Deliktsrecht, 17), was seinem Bedeutungsgehalt nach in etwa dem römischrechtlichen „casum sentit dominus" entspricht.
[50] Kötz, Deliktsrecht, 17.

B. Rechtspolitische und rechtsphilosophische Begründung

fest: „Die billigste Form der Schadenstragung ergibt der Verzicht auf jegliche Überwälzung[51]." Daß eine solche ökonomische Betrachtungsweise allerdings dort, wo es um eine angemessene Reaktion auf Unrecht geht, in einem Bereich also, bei dem unterschwellig auch Faktoren wie Vergeltung und Genugtuung mit eine Rolle spielen, nicht überbewertet werden darf, steht außer Frage. Ebensowenig ist es jedoch geboten, jenen Aspekt völlig unberücksichtigt zu lassen.

Die Gegenüberstellung der in einem Schadensfall tangierten Interessen führt somit zu dem Ergebnis, daß in erster Linie die Situation der Parteien, aber auch der Gesichtspunkt volkswirtschaftlicher Zweckmäßigkeit dafür sprechen, den Geschädigten mit den Nachteilen, die aus der Verwirklichung allgemeiner Lebensrisiken resultieren, zu belasten.

Bei der Bemühung um einen rechtsphilosophischen Denkansatz ist die Frage in den Mittelpunkt zu rücken, ob sich aus der allgemeinen Situation des Menschen als Individuum und seiner Einbindung in den Sozialbereich Gesichtspunkte ergeben, die dazu führen können, ihm die gewöhnlichen Risiken seines Lebens selbst aufzubürden. Diese Problemsicht zielt weder auf theoretisch-anthropologische Aspekte noch auf ein bestimmtes Menschenbild. Die Kriterien zur Beantwortung der gestellten Frage sollen vielmehr allein aus den realen Bedingungen der vorhandenen Lebenswirklichkeit abgeleitet werden.

Eine elementare konkret-anthropologische Konstante ist das In-der-Welt-sein des Menschen[52]. Nach Heidegger handelt es sich hierbei um eine „a priori notwendige Grundverfassung des Daseins"[53]. In dieser Feststellung kommt zum Ausdruck, daß jedes Geschöpf schon vom Augenblick seiner Geburt an unausweichlich mit zahlreichen Bedingungen des Lebens konfrontiert wird, auf deren Anwesenheit bzw. Fehlen es keinerlei Einfluß hat, die der Entfaltung seines Wesens also zwingend vorgegeben sind.

Zu den das Dasein des Menschen fundamental prägenden Determinanten gehört insbesondere seine Bestimmung, als Einzelwesen existieren zu müssen. Er befindet sich in der Welt als ein biologisch abgrenzbares Gebilde, als „Herausentwicklung der Individuation aus der Symbiose"[54]. Dieses Selbstsein, die Einzigkeit und Einzigartigkeit des Daseins — von Maihofer als ein „unheimliches und ungeheuerliches Geschehen" beschrieben, welches sich „in uns und mit uns vollzieht"[55] — ist

---
[51] Weyers, 609.
[52] Küchenhoff (S. 3) hat die durch die Existenzphilosophie auch in das allgemeine Rechtsbewußtsein hineingetragene Erkenntnis, „daß der Mensch da ist, in das Dasein geworfen", geradezu als Entdeckung bezeichnet.
[53] Heidegger, 52.
[54] Becker, 257.
[55] Maihofer, 95.

das Schicksal des Menschen. Als Individuum ist seine Eigenentfaltung und Selbstverwirklichung nicht nur möglich, sondern auch notwendig. Freiheit ist ihm gegeben und aufgegeben. Sie erfährt zwangsläufig ihre Begrenzung durch den Ort und die Einbindung der Lebenswirklichkeit, in welcher der einzelne steht; sie unterliegt dem unüberwindlichen Zwang, der aus der „Geworfenheit" allen irdischen Daseins folgt[56].

Die Individuation des Menschen erscheint so als Quelle von Konflikten und Risiken. Er befindet sich in einer permanenten Auseinandersetzung mit seiner Umwelt. Seinen natürlichen Existenzbedingungen nach ist er „immer der Zerstörung oder Verletzung durch andere ausgesetzt"[57]. Diese fortwährende Gefahrensituation findet ihre Verstärkung noch darin, daß dem Menschen das Bedürfnis eigen ist, nicht nur in der Welt zu sein, sondern auch die Welt zu haben[58]. Im Greifen nach Besitz, nach Lebensmöglichkeit und Entfaltung gerät er aber zwangsläufig in den Interessenbereich anderer. Karl Jaspers[59] hat diese Zusammenhänge folgendermaßen beschrieben: „Mein Dasein als solches nimmt anderen weg, wie andere mir wegnehmen. Jede Stellung, die ich gewinne, schließt einen anderen aus, nimmt aus dem begrenzten zur Verfügung stehenden Raum solchen für sich in Anspruch." Einwirkungen in den Lebensbereich Dritter sind demnach notwendig, genauso wie der Mensch unentrinnbar Übergriffen in seine eigene Sphäre ausgesetzt ist. Er ist selbst ständig potentieller Verursacher und auch potentielles Opfer irgendwelcher schadenstiftender Vorgänge[60]. Allein dadurch, daß er sich in der Welt befindet, setzt und erleidet er unvermeidbare Gefährdungen. Seine Daseinswirklichkeit ist latent von Verletzungs- und Schädigungsmöglichkeiten durchdrungen.

Diese grundlegende Sicht humaner Existenz verleiht dem Gedanken der Eigenverantwortlichkeit für das allgemeine Lebensrisiko wesentliches Gewicht. Nachteile, die mit der Einbindung des Individuums in die Umwelt, mit der Tatsache, daß der Mensch „da ist", üblicherweise verbunden sind, sollten den Grundsätzen des Schadensausgleichs entzogen und damit im Ergebnis beim Betroffenen selbst belassen werden. Der Verletzte ist dann so zu behandeln wie im Falle eines Verlustes, der ihm durch ein von menschlichem Verhalten unabhängiges Geschehen erwächst. Zu Recht meint Lüer, daß solche Risiken und die daraus entstehenden Nachteile für den Geschädigten auch „schicksalhaften" Charakter hätten[61]; es handele sich um Konstellationen „der objektiven

---
[56] Maihofer, 95.
[57] Verdross, 64.
[58] Fromm, 16 ff.; Becker, 27.
[59] Jaspers, 235; vgl. auch Hommes, 170; Reding, 143.
[60] Vgl. dazu Weber, 114.
[61] Lüer, 119.

B. Rechtspolitische und rechtsphilosophische Begründung

Verstrickung beider Teile in das Unglück"[62]. Die Versagung eines Ersatzanspruchs für derartige Gefährdungen ist der Preis, den der Mensch dafür zu zahlen hat, daß er als individuiertes Wesen in der Welt steht. Er bleibt somit stets „Herr seines allgemeinen Lebensrisikos"[63].

Betrachtet man die menschliche Situation in der Gegenwart nach einer langen zivilisatorischen und sozialen Entwicklung, so wird deutlich, daß sich die wechselseitigen Beziehungen der Individuen untereinander sowie zur Umwelt fortgesetzt verstärkt haben. Die Interdependenz allen Lebens und Geschehens ist im kleineren wie im großen Bereich eine herausragende Erscheinung geworden. Alles hängt von allem ab. Während der Naturmensch — von Rousseau geschildert als „in den Wäldern umherirrend, ohne Gewerbe, ohne Sprache, ohne Heim, ohne Krieg und ohne Bindung, ohne jedes Verlangen nach seinesgleichen wie auch ohne irgendeinen Wunsch, diesen zu schaden"[64] — weitestgehend auf sich allein gestellt war, sind die Lebensverhältnisse der jetzigen Generation durch ein engmaschiges Netz von zahllosen Abhängigkeiten unlösbar miteinander verknüpft. Aus diesen gegenseitigen Verflechtungen erwächst im modernen Industriestaat ein gewaltiges Schadenspotential. Dabei erhöht sich in dem Maße, in welchem der Mensch aktiv am technischen Fortschritt teilnimmt und versucht, von dessen Segnungen zu profitieren, auch die Zahl der üblicherweise mit seiner Existenz verbundenen Risiken. Der grundsätzlich autonome Entschluß des einzelnen, das vorhandene Angebot an höherer Lebensqualität auszuschöpfen, sollte aber dann gerechterweise dergestalt auf ihn zurückwirken, daß er in einem Schadensfall die Gefahren, welche er wegen der mit ihnen verbundenen Vorteile auch sonst in Kauf nimmt, nicht auf andere Personen bzw. die Allgemeinheit abwälzen kann. Dies ist die Kehrseite menschlicher Entscheidung und die Folge der Selbstverantwortung für seine eigene Daseinssphäre.

---

[62] Lüer, 104; in Übertragung von Rudloffs These (Festschr. v. Hippel, 433 ff.), daß die Vorstellung von der „Teilhabe am Glück" eine der inneren Rechtfertigungen für das Prinzip der Vorteilsausgleichung sei, kann im Rahmen des Gedankens vom allgemeinen Lebensrisiko auf die Notwendigkeit einer Teilhabe des Geschädigten am entstandenen Unglück verwiesen werden.
[63] Huber JZ 1969, 682.
[64] Rousseau, 84.

Ergebnis

Die in der vorliegenden Studie gewonnenen Erkenntnisse lassen sich wie folgt zusammenfassen:

1. Der Gedanke des allgemeinen Lebensrisikos ist seit den späten 50er Jahren ausdrücklich erwähnter Bestandteil der rechtswissenschaftlichen Meinungsbildung zur Problematik des Schadensausgleichs. Weder Judikatur noch Schrifttum haben jedoch bis heute ein überzeugendes System genereller Wertungsmaßstäbe für die inhaltliche Präzisierung und dogmatische Einordnung dieses Haftungskorrektivs entwickelt.

2. Unter den Begriff „allgemeines Lebensrisiko" fallen grundsätzlich alle mit der natürlichen Existenz des Geschädigten als solcher üblicherweise verbundene Möglichkeiten, rechtlich relevante Nachteile zu erleiden. Für die Frage der Haftungsbegrenzung sind davon jedoch nur diejenigen Gefahren bedeutsam, denen der Betroffene erst durch das anspruchsbegründende Ereignis ausgesetzt wurde.

3. Das Gesamtspektrum allgemeiner Lebensrisiken umfaßt sowohl diejenigen Gefährdungen, welche mit dem normalen Ablauf einer im Dasein des Betroffenen regelmäßig vorkommenden bzw. jederzeit zu erwartenden Verhaltensweise verknüpft sind, als auch solche Möglichkeiten, rechtlich relevante Nachteile zu erleiden, die unabhängig von einem gerade durch den Haftungsfaktor ausgelösten Tun oder Unterlassen des Geschädigten ganz allgemein mit der menschlichen Existenz in den jeweiligen Sozialisations- und Zivilisationsformen verbunden sind.

4. Der Gedanke des allgemeinen Lebensrisikos kann dogmatisch weder in das Adäquanzmerkmal noch in das Kriterium Schutzzweck der Norm eingeordnet werden. Von ersterem unterscheidet er sich sowohl in der Verschiedenartigkeit des für die Frage der Gefahrerhöhung maßgeblichen Bezugsobjekts — hier ein Vergleich mit der Situation ohne das haftungsbegründende Ereignis, dort ein Vergleich mit der Größe des üblicherweise auf das Leben des Betroffenen einwirkenden Schadenspotentials — als auch in der gegensätzlichen Beurteilung des Standpunktes, von dem aus das Urteil über eine mögliche Risikoveränderung zu fällen ist. Im Hinblick auf den Schutzzweckgedanken besteht die Abweichung darin, daß es bei diesem

Kriterium lediglich um die Ermittlung der präventiven Zielrichtung einer konkreten Verhaltensnorm geht, während die Vorstellung vom allgemeinen Lebensrisiko Bestandteil der Suche nach dem Telos des Schadensausgleichs insgesamt ist und somit gleichermaßen bei der Verschuldens- wie bei der Gefährdungshaftung Platz greift.

5. Die Vorstellung von der Sozialadäquanz ist zum Verständnis des Gedankens vom allgemeinen Lebensrisiko hilfreich, wenn man ihr Anwendungsgebiet nicht auf die Handlung des Täters, sondern auf die Situation des Opfers erstreckt. Man kann dann von Gefahren sprechen, die sich im Rahmen der allgemeinen geschichtlich gewordenen sozialethischen Ordnung des menschlichen Zusammenlebens halten und denen infolgedessen die weit überwiegende Mehrheit der Bevölkerung latent ausgesetzt ist.

6. Das Rechtsinstitut des Handelns auf eigene Gefahr, bei welchem ermittelt wird, ob sich der Geschädigte trotz Kenntnis der besonderen Umstände, die für ihn eine konkrete Gefahrenlage schufen, ohne triftigen Grund der Möglichkeit ausgesetzt hat, die entstandene Gütereinbuße zu erleiden, und der Gedanke des allgemeinen Lebensrisikos ergänzen sich gegenseitig. Während das letztere Kriterium darüber Aufschluß gibt, ob überhaupt eine Haftung für den eingetretenen Erfolg in Frage kommt, zielt die Vorstellung vom Handeln auf eigene Gefahr bei prinzipiell begründetem Ersatzanspruch lediglich auf eine Korrektur des Umfangs der zu gewährenden Ausgleichsforderung.

7. Der Gedanke des allgemeinen Lebensrisikos gehört zu den Haftungsbegrenzungselementen des objektiven Tatbestandes der Schadensersatznormen. Gemeinsam mit den im Aufbauschema vor ihm zu prüfenden Kriterien „Kausalität", „Adäquanz" und „Herausforderung" (im Falle eines Zweithandelns) bewertet er die Art und Weise der Verknüpfung zwischen gefahrbegründendem Umstand und Folgegeschehen als Erscheinungen der Außenwelt.

8. Die für die Frage des Haftungszusammenhangs im objektiven Tatbestand maßgebenden Merkmale und damit auch der Lebensrisikogedanke lassen sich durch Auslegung der einzelnen Schadensersatzbestimmungen nachweisen. Einer Rechtsfortbildung bedarf es insoweit nicht.

9. Für eine Belastung des Verletzten mit den Nachteilen, welche aus der Verwirklichung allgemeiner Lebensrisiken resultieren, sprechen unter rechtspolitischem Aspekt in erster Linie die Interessenlage der an dem Schadensfall unmittelbar beteiligten Personen sowie der Gesichtspunkt volkswirtschaftlicher Zweckmäßigkeit, unter rechtsphilosophischem Aspekt einmal die Folgerungen, welche sich daraus ab-

leiten, daß es dem Menschen schicksalhaft vorgegeben ist, als individuiertes Wesen in der Welt zu stehen, und zum anderen der Umstand, daß der moderne Bürger durch seine grundsätzliche Bereitschaft, aktiv am technischen Fortschritt teilzunehmen, selbstverantwortlich dazu beigetragen hat, die Zahl der üblicherweise mit seiner Existenz verbundenen Gefahren zu vermehren.

Ausblick

Bei Betrachtung der rechtshistorischen Entwicklung der Bemühungen um die Haftungsbegrenzung wird deutlich, daß sich aus den jeweiligen Lebenstatbeständen immer neue Notwendigkeiten für Denkansätze ergeben haben. Ein Streben nach Sachgerechtigkeit ist spürbar geworden, das nicht von ideologisch-weltanschaulichen Vorstellungen ausgeht, sondern Erkenntnisse realer Lebenszusammenhänge zur Voraussetzung hat. Hier wird ein Stück von der Geschichtlichkeit des Rechts erkennbar und eine Sicht des Gesetzes, das „sich stets in der jeweiligen historischen Situation konkretisieren" muß[65]. Auch nach der Herausarbeitung und Einführung des Kriteriums „allgemeines Lebensrisiko" in den Bereich der Schadensausgleichsthematik ist somit keineswegs ein Zustand erreicht, der es erlaubte, hinter einem der wichtigsten Probleme des Privatrechts beruhigt die Türe zu verschließen[66]. Das Rechtsdenken zur Frage der Haftungsbegrenzung wird vielmehr auch in Zukunft in Bewegung bleiben.

---

[65] Kaufmann JZ 1975, 339.
[66] Vgl. Lanz, 3.

Literaturverzeichnis

Bar, Ludwig von: Die Lehre vom Causalzusammenhange im Rechte, besonders im Strafrechte, Leipzig 1869.

Becker, Walter: Das Recht der unerlaubten Handlungen, Berlin 1976.

Beratung des Entwurfs eines Bürgerlichen Gesetzbuchs im Reichstage, Stenographische Berichte, Berlin 1896.

Berg, Hans: Begrenzung der Schadensersatzpflicht durch Berücksichtigung des Schutzzwecks der Haftungsnorm — BGHZ 27, 137, JuS 1961, 317.
— Urteilsanmerkung zu LG Frankfurt NJW 1969, 2286, NJW 1970, 515.
— Urteilsanmerkung zu BGH JR 1975, 243, JR 1975, 245.

Bernert, Günther: Die Leerformel von der Adäquanz, AcP 169, 421.
— Zur Lehre von der „sozialen Adäquanz" und den „sozialadäquaten Handlungen", Marburg 1966.

Bick, Udo: Die Haftung für psychisch verursachte Körperverletzungen und Gesundheitsschäden im deutschen und anglo-amerikanischen Recht, Diss. jur. Freiburg 1970.

Blei, Hermann: Strafrecht, Allgemeiner Teil, 17. A., München 1977.

Brox, Hans: Allgemeines Schuldrecht, 7. A., München 1978.

Buchner, Herbert / *Roth*, Günter: Unerlaubte Handlungen, München 1976.

Buri, Maximilian von: Zur Lehre von der Teilnahme an dem Verbrechen und der Begünstigung, Gießen 1860.

Bydlinski, Franz: Probleme der Schadensverursachung nach deutschem und österreichischem Recht, Stuttgart 1964.

Caemmerer, Ernst von: Das Problem des Kausalzusammenhangs im Privatrecht, Freiburger Universitätsreden Heft 23, 1956.
— Die Bedeutung des Schutzbereichs einer Rechtsnorm für die Geltendmachung von Schadensersatzansprüchen aus Verkehrsunfällen, DAR 1970, 283.
— „Mortuus Redhibetur". Bemerkungen zu den Urteilen BGHZ 53, 144 und 57, 137, Festschrift für Karl Larenz, München 1973, 621.

Comes, Heinrich: Zum Begriff des „gesteigerten Risikos" im Recht der unerlaubten Handlungen, NJW 1972, 2022.

Conrad, Hermann: Deutsche Rechtsgeschichte, Bd. 1, 2. A., Karlsruhe 1962.

Creifelds, Karl: Rechtswörterbuch, 5. A., München 1978.

Deutsch, Erwin: Anmerkung zum Urteil des BGH vom 3. 2. 1967, JZ 1967, 641.
— Anmerkung zum Urteil des BGH vom 9. 6. 1967, JZ 1968, 103.
— Anmerkung zum Urteil des BGH vom 29. 10. 1974, JZ 1975, 375.

Deutsch, Erwin: Begrenzung der Haftung aus abstrakter Gefährdung wegen fehlender adäquater Kausalität, JZ 1966, 556.
— Besprechung von Hans-Jochem Lüer: Die Begrenzung der Haftung bei fahrlässig begangenen unerlaubten Handlungen, AcP 170, 82.
— Der Reiter auf dem Pferd und der Fußgänger unter dem Pferd, NJW 1978, 1998.
— Fahrlässigkeit und erforderliche Sorgfalt, Köln 1963.
— Haftungsrecht, Bd. 1, Allgemeine Lehren, Köln 1976.
— Privilegierte Haftung und Schadensfolge, NJW 1966, 705.

Diesselhorst, Malte: Die Natur der Sache als außergesetzliche Rechtsquelle verfolgt an der Rechtsprechung zur Saldotheorie, Tübingen 1968.

Dunz, Walter: Fremde Unrechtshandlungen in der Kausalkette, NJW 1966, 134.

Ehrenzweig, Arnim: System des österreichischen allgemeinen Privatrechts, Bd. 2, 1. Hälfte, 2. A., Wien 1928.

Engisch, Karl: Die Kausalität als Merkmal der strafrechtlichen Tatbestände, Tübingen 1931.

Enneccerus, Ludwig / *Lehmann,* Heinrich: Lehrbuch des Bürgerlichen Rechts, Recht der Schuldverhältnisse, 15. A., Tübingen 1958.

Erman, Walter: Handkommentar zum Bürgerlichen Gesetzbuch, Bd. 1, 6. A., Münster 1975.

Esser, Josef: Grundfragen der Reform des Schadensersatzrechts, AcP 148, 121.
— Grundlagen und Entwicklung der Gefährdungshaftung, München, Berlin 1941.
— Grundsatz und Norm in der richterlichen Fortbildung des Privatrechts, Tübingen 1956.
— Schuldrecht, Bd. 1, 4. A., Karlsruhe 1970.

Esser, Josef / *Schmidt,* Eike: Schuldrecht, Bd. 1, Tbd. 1, 5. A., Heidelberg 1975; Bd. 1, Tbd. 2, 5. A., Heidelberg, Karlsruhe 1976.

Fikentscher, Wolfgang, Schuldrecht, 6. A., Berlin, New York 1976.

Forkel, Hans: Zum „Opfer" beim Aufopferungsanspruch, JZ 1969, 7.

Franz, Wolfgang, Urteilsanmerkung zu BGH JZ 1967, 571, JZ 1967, 573.

Friese, Ulrich: Haftungsbegrenzung für Folgeschäden aus unerlaubter Handlung, insbesondere bei § 823 I BGB, Diss. jur., Erlangen, Nürnberg 1968.

Fromm, Erich: Haben oder Sein. Die seelischen Grundlagen einer neuen Gesellschaft, Stuttgart 1976.

Geigel, Reinhart: Haftpflichtprozeß, 16. A., München 1976.

Giesen, Dieter: Warenherstellerhaftung ohne Verschulden, NJW 1968, 1401.

Gitter, Wolfgang: Schadensausgleich im Arbeitsunfallrecht, Tübingen 1969.

Görgens, Peter: Konkurrierende Zurechnungstatbestände im Rahmen der deliktsrechtlichen Haftung nach § 823 BGB, JuS 1977, 709.

Gotzler, Max: Rechtmäßiges Alternativverhalten im haftungsbegründenden Zurechnungszusammenhang, München 1977.

Haberhausen, Ralf: Kausalität und zwischenmenschlicher Bereich, NJW 1973, 1307.

Händel, Konrad: Urteilsanmerkung zu BGH NJW 1976, 568, NJW 1976, 1204.

Hanau, Peter: Die Kausalität der Pflichtwidrigkeit. Eine Studie zum Problem des pflichtmäßigen Alternativverhaltens im Bürgerlichen Recht, Göttingen 1971.

Hardwig, Werner: Die Zurechnung. Ein Zentralproblem des Strafrechts, Hamburg 1957.

Hauss, Fritz: Empfiehlt es sich, die Haftung für schuldhaft verursachte Schäden zu begrenzen? Kann für den Umfang der Schadensersatzpflicht auf die Schwere des Verschuldens und die Tragweite der verletzten Norm abgestellt werden? Referat für den 43. Deutschen Juristentag; Verhandlungen des 43. Deutschen Juristentages 1960, Bd. 2, Tübingen 1962, C 23.

Heck, Philipp: Gesetzesauslegung und Interessenjurisprudenz, AcP 112, 1.

Heidegger, Martin: Sein und Zeit, 14. A., Tübingen 1977.

Henkel, Heinrich: Die Selbstbestimmung des Menschen als rechtsphilosophisches Problem, Festschrift für Karl Larenz, München 1973, 3.

— Einführung in die Rechtsphilosophie, 2. A., München 1977.

Heuer, Henning: Das richtige Bezugsobjekt des Adäquanzurteils, Diss. jur., Münster 1964.

Hippel, Eike von: Allgemeiner Schutz vor Haftungsrisiken? JZ 1972, 735.

— Haftung für Schockschäden Dritter, NJW 1965, 1890.

Hoerster, Norbert: Besprechung von Reinhart Maurach und Ethel Behrendt: Rechtsphilosophie, JZ 1977, 415.

Hommes, Ulrich: Die Existenzerhellung und das Recht, Frankfurt 1962.

Hopt, Klaus: Schadensersatz aus unberechtigter Verfahrenseinleitung, München 1968.

Hruschka, Joachim: Strukturen der Zurechnung, Berlin, New York 1976.

Huber, Hans: Die heutige weltpolitische Einheit der Erde. Die weltweite Interdependenz unserer Gesellschaft, Zeitschrift für Wissenschaft, Kunst und Literatur 1969, 1017.

Huber, Ulrich: Der Unfall des betrogenen Gebrauchtwagenkäufers — BGHZ 57, 137, JuS 1972, 439.

— Normzwecktheorie und Adäquanztheorie, JZ 1969, 677.

— Verschulden, Gefährdung und Adäquanz, Festschrift für Eduard Wahl, Heidelberg 1973, 301.

Hübner, Jürgen: „Schadensverteilung" bei Schäden anläßlich der Verfolgung festzunehmender Personen durch Beamte — eine Wiederkehr der Culpa-Compensation? OLG Düsseldorf, NJW 1973, 1929, JuS 1974, 496.

— Schadenszurechnung nach Risikosphären, Berlin 1974.

Jaspers, Karl: Philosophie, Bd. 2, Existenzerhellung, 3. A., Berlin, Göttingen, Heidelberg 1956.

Kalb, Heinz-Jürgen: Rechtsgrundlage und Reichweite der Betriebsrisikolehre, Berlin 1977.

Kaufmann, Arthur: Durch Naturrecht und Rechtspositivismus zur juristischen Hermeneutik, JZ 1975, 337.

Keuk, Brigitte: Vermögensschaden und Interesse, Bonn 1972.

Kluge, Friedrich: Etymologisches Wörterbuch der deutschen Sprache, 21. A., Berlin 1975.

Knöpfle, Robert: Zur Problematik der Beurteilung einer Norm als Schutzgesetz im Sinne des § 823 II BGB, NJW 1967, 697.

Köbler, Gerhard: Rechtsgeschichte. Ein systematischer Grundriß der geschichtlichen Grundlagen des deutschen Rechts, 2. A., München 1978.

— Schuldrecht, München 1975.

Kötz, Hein: Deliktsrecht, Frankfurt 1976.

— Haftung für besondere Gefahr, AcP 170, 1.

— Zur Haftung bei Schulunfällen, JZ 1968, 285.

Kollhosser, Helmut: Haftung für Demonstrationsschäden — LG Berlin NJW 1969, 1119, JuS 1969, 510.

Kramer, Ernst: Das Prinzip der objektiven Zurechnung im Delikts- und Vertragsrecht, AcP 171, 422.

— Schutzgesetze und adäquate Kausalität, JZ 1976, 338.

Krause, Peter: Das Risiko des Straßenverkehrsunfalls; Zuordnung und Absicherung, Bonn-Bad Godesberg 1974.

Kries, Johann von: Über den Begriff der objektiven Möglichkeit und einige Anwendungen desselben, Vierteljahresschrift für wissenschaftliche Philosophie 12 (1888), 179.

Küchenhoff, Günther: Rechtsbesinnung. Eine Rechtsphilosophie, Göttingen 1973.

Lange, Heinrich: Herrschaft und Verfall der Lehre vom adäquaten Kausalzusammenhang, AcP 156, 114.

Lange, Hermann: Adäquanztheorie, Rechtswidrigkeitszusammenhang, Schutzzwecklehre und selbständige Zurechnungsmomente, JZ 1976, 198.

— Empfiehlt es sich, die Haftung für schuldhaft verursachte Schäden zu begrenzen? Kann für den Umfang der Schadensersatzpflicht auf die Schwere des Verschuldens und die Tragweite der verletzten Norm abgestellt werden? Gutachten für den 43. Deutschen Juristentag, München 1960.

— Umfang der Schadensersatzpflicht bei einem Verkehrsunfall. Methoden der Schadensbegrenzung — BGHZ 58, 162, JuS 1973, 281.

Lanz, Walter: Alternativen zur Lehre vom adäquaten Kausalzusammenhang, Bern, Frankfurt 1974.

Larenz, Karl: Die Prinzipien der Schadenszurechnung. Ihr Zusammenspiel im modernen Schuldrecht, JuS 1965, 373.

— Diskussionsbeitrag auf dem 43. Deutschen Juristentag, Verhandlungen des 43. Deutschen Juristentages 1960, Bd. 2, Tübingen 1962, C 47 f.

— Hegels Zurechnungslehre und der Begriff der objektiven Zurechnung, Diss. jur., Göttingen 1927.

— Lehrbuch des Schuldrechts, Bd. 1, 11. A., München 1976; Bd. 2, 11. A., München 1977.

Larenz, Karl: Methodenlehre der Rechtswissenschaft, 3. A., Berlin, Heidelberg, New York 1975.
— Tatzurechnung und „Unterbrechung des Kausalzusammenhanges", NJW 1955, 1009.
— Über Fahrlässigkeitsmaßstäbe im Zivilrecht, Festschrift für Walter Wilburg, Graz 1965, 119.
— Wegweiser zu richterlicher Rechtsschöpfung. Eine rechtsmethodologische Untersuchung, Festschrift für Arthur Nikisch, Tübingen 1958, 275.
— Zum heutigen Stand der Lehre von der objektiven Zurechnung im Schadensersatzrecht, Festschrift für Richard M. Honig, Göttingen 1970, 79.

Lieb, Manfred: Urteilsanmerkung zu BGHZ 57, 137, JZ 1972, 442.

Lindenmaier, Fritz: Adäquate Ursache und nächste Ursache, ZHR 113, 207.

Lorenz, Werner: Fortschritte der Schuldrechtsdogmatik, JZ 1961, 433.

Lorenz-Meyer, Ulrich: Haftungsstruktur und Minderung der Schadensersatzpflicht durch richterliches Ermessen, Tübingen 1971.

Lüer, Hans-Jochem: Die Begrenzung der Haftung bei fahrlässig begangenen unerlaubten Handlungen, Karlsruhe 1969.

Maihofer, Werner: Recht und Sein, Prolegomena zu einer Rechtsontologie, Frankfurt 1954.

Martens, Klaus-Peter: Die Verfolgung des Unrechts. Zur Selbstgefährdung im Deliktsrecht, NJW 1972, 740.

Mayer, Hellmuth: Strafrecht, Stuttgart 1953.

Medicus, Dieter: Gesetzliche Schuldverhältnisse, München 1977.
— Unmittelbarer und mittelbarer Schaden, Heidelberg 1977.

Mertens, Hans-Joachim / *Reeb,* Hartmut: Grundfälle zum Recht der unerlaubten Handlungen, JuS 1971, 525 und 586.

Meyers Enzyklopädisches Lexikon, Bd. 20, 9. A., Mannheim, Wien, Zürich 1977.

Michaelis, Karl: Beiträge zur Gliederung und Weiterbildung des Schadensrechts, Leipzig 1943.

Migsch, Erwin: Begrenzung des Schadensersatzes, Salzburg 1976.

Mitteis, Heinrich / *Lieberich, Heinz:* Deutsche Rechtsgeschichte. Ein Studienbuch, 15. A., München 1978.

Mohnhaupt, Heinz / *Reich,* Norbert: Aufopferungsansprüche bei Schulunfällen, NJW 1976, 758.

Mommsen, Friedrich: Beiträge zum Obligationenrecht, 2. Abt., Zur Lehre vom Interesse, 1855.

Motive zu dem Entwurfe des Bürgerlichen Gesetzbuches für das Deutsche Reich, Bd. 2, Berlin, Leipzig 1888.

Münzberg, Wolfgang: Verhalten und Erfolg als Grundlagen der Rechtswidrigkeit und Haftung, Frankfurt 1966.

Mugdan, Benno: Die gesammelten Materialien zum Bürgerlichen Gesetzbuch für das Deutsche Reich, Bd. 2, Recht der Schuldverhältnisse, Berlin 1899.

Musielak, Hans Joachim: Beweislast nach Gefahrenbereichen. Eine kritische Betrachtung der Gefahrenkreistheorie des Bundesgerichtshofs, AcP 176, 465.

Naucke, Wolfgang / *Trappe*, Paul: Rechtssoziologie und Rechtspraxis, Neuwied, Berlin 1970.

Niebaum, Gerd: Die deliktische Haftung für fremde Willensbetätigungen, Berlin 1977.

Niese, Werner: Die moderne Strafrechtsdogmatik und das Zivilrecht, JZ 1956, 457.

Nipperdey, Hans Carl: Rechtswidrigkeit, Sozialadäquanz, Fahrlässigkeit und Schuld im Zivilrecht, NJW 1957, 1777.

Nökel, Detlef: Die Rechtsstellung des Nothelfers, Diss. jur., Freiburg 1968.

Nüßgens, Karl: Im Spannungsfeld zwischen Erweiterung und Begrenzung der Haftung, 25 Jahre Bundesgerichtshof, München 1975, 93.

Ossenbühl, Fritz: Die Struktur des Aufopferungsanspruchs BGHZ 47, 327, JuS 1970, 276.

Palandt, Otto: Bürgerliches Gesetzbuch, 38. A., München 1979.

Protokolle der Kommission für die Zweite Lesung des Entwurfs des Bürgerlichen Gesetzbuchs, Bd. 2, Berlin 1898.

Rabel, Ernst: Das Recht des Warenkaufs. Eine rechtsvergleichende Darstellung, Bd. 2, Unveränderter Neudruck der Ausgaben von 1936 und 1957, Berlin 1964.

Raiser, Thomas: Adäquanztheorie und Haftung nach dem Schutzzweck der verletzten Norm, JZ 1963, 462.

— Haftungsbegrenzung nach dem Vertragszweck. Untersuchung über die Tragweite der Theorie von der Haftungsbegrenzung nach dem Schutzzweck der verletzten Norm im Vertragsrecht, Diss. jur., Tübingen 1962.

Reding, Marcel: Politische Ethik, Freiburg 1972.

Referentenentwurf eines Gesetzes zur Änderung und Ergänzung schadensersatzrechtlicher Vorschriften, I Wortlaut, II Begründung, München 1967.

Rehbinder, Eckhard: Pyrrhus-Sieg in der Produzentenhaftung? BGH NJW 1969, 269, JuS 1969, 208.

Rehbinder, Manfred: Rechtssoziologie, Berlin, New York 1977.

Reinecke, Horst: Objektive Verantwortung im zivilen Deliktsrecht, Düsseldorf 1960.

Reinhardt, Rudolf: Beiträge zum Neubau des Schadensersatzrechts, AcP 148, 147.

Rödig, Jürgen: Erfüllung des Tatbestandes des § 823 I BGB durch Schutzgesetzverstoß, Bielefeld 1973.

Rohwer-Kahlmann, Harry: Aufopferungsanspruch wegen Folgen eines Turnunfalls? Soz Sich 1967, 134.

Roth-Stielow, Klaus: Die Reichweite eines bestimmten Verhaltens als äußerste Haftungsgrenze, NJW 1971, 180.

Rother, Werner: Adäquanztheorie und Schadensverursachung durch mehrere, NJW 1965, 177.
— Der Begriff der Gefährdung im Schadensersatzrecht, Festschrift für Karl Michaelis, Göttingen 1972, 250.
— Haftungsbeschränkung im Schadensersatzrecht, München, Berlin 1965.
Rousseau, Jean-Jacques: Preisschriften und Erziehungsplan, Klinkhardts Pädagogische Quellentexte, 2. A., Regensburg 1976.
Roxin, Claus, Gedanken zur Problematik der Zurechnung im Strafrecht, Festschrift für Richard M. Honig, Göttingen 1970, 133.
— Pflichtwidrigkeit und Erfolg bei fahrlässigen Delikten, ZStW 74, 411.
Rudloff, Karl: Der Vorteilsausgleich als Gewinnabwehr und Glücksteilhabe, Festschrift für Fritz v. Hippel, Tübingen 1967, 423.
Rudolphi, Hans-Joachim: Vorhersehbarkeit und Schutzzweck der Norm in der strafrechtlichen Fahrlässigkeitslehre, JuS 1969, 549.
Rümelin, Max: Der Zufall im Recht, Freiburg, Leipzig 1896.
— Die Gründe der Schadenszurechnung und die Stellung des deutschen bürgerlichen Gesetzbuchs zur objektiven Schadensersatzpflicht, Freiburg, Leipzig 1896.
— Die Verwendung der Causalbegriffe in Straf- und Civilrecht, AcP 90, 171.
Rutkowsky, Heinz: Die psychisch vermittelte Kausalität, NJW 1952, 606.
Schaffstein, Friedrich: Die Risikoerhöhung als objektives Zurechnungsprinzip im Strafrecht, insbesondere bei der Beihilfe, Festschrift für Richard M. Honig, Göttingen 1970, 169.
Schenck, Dedo von: Der Begriff der Sphäre in der Rechtswissenschaft, insbesondere als Grundlage der Schadenszurechnung, Berlin 1977.
Schickedanz, Erich, Schutzzwecklehre und Adäquanztheorie, NJW 1971, 916.
Schlüchter, Ellen: Grundfälle zur Lehre von der Kausalität, JuS 1976, 312.
Schmiedel, Burkhard: Deliktsobligationen nach deutschem Kartellrecht, Teil 1, Tübingen 1974.
Schnitzerling, Manfred: Nochmals: Aufopferungsanspruch gegen den Staat bei unverschuldeten Sportunfällen, Der Gemeindetag 1967, 124.
Siebert, Wolfgang: Die Methode der Gesetzesauslegung, Heidelberg 1958.
Soergel, Hans Theodor / *Siebert*, Wolfgang: Kommentar zum Bürgerlichen Gesetzbuch, Bd. 2, Schuldrecht I, 10. A., Stuttgart 1967; Bd. 3, Schuldrecht II, 10. A., Stuttgart 1969.
Söllner, Alfred: „Ohne Arbeit kein Lohn", AcP 167, 132.
Sourlas, Paul: Adäquanztheorie und Normzwecklehre bei der Begründung der Haftung nach § 823 I BGB, Berlin 1974.
Staudinger, Julius von: Kommentar zum Bürgerlichen Gesetzbuch, Bd. 2, Teil 1 c, 10./11. A., Berlin 1967; Teil 5, 10./11. A., Berlin 1975.
Steffen, Erich: Der Aufopferungsanspruch in der Rechtsprechung des Bundesgerichtshofs, DRiZ 1967, 110.
Stoll, Hans: Das Handeln auf eigene Gefahr, Berlin, Tübingen 1961.

Stoll, Hans: Empfiehlt sich eine Neuregelung der Verpflichtung zum Geldersatz für immateriellen Schaden? Verhandlungen des 45. Deutschen Juristentages 1964, Bd. 1, München, Berlin 1964.
— Kausalzusammenhang und Normzweck im Deliktsrecht, Tübingen 1968.
— Neuere Entwicklungen auf dem Gebiete des deutschen Schadensrechtes, Lund 1976.
— „The Wagon Mound" — Eine neue Grundsatzentscheidung zum Kausalproblem im englischen Recht, Festschrift für Hans Dölle, Tübingen 1963, Bd. 1, 371.

Stratenwerth, Günter: Bemerkungen zum Prinzip der Risikoerhöhung, Festschrift für Wilhelm Gallas, Berlin, New York 1973, 227.

Thalheim, Eva: Möglichkeiten der Haftungsbegrenzung. Ein Vergleich zwischen Adäquanz-, Schutzzweck- und Schutzbereichstheorie, Diss. jur., Hamburg 1964.

Traeger, Ludwig: Der Kausalbegriff im Straf- und Zivilrecht, Marburg 1904.

Verdross, Alfred: Statisches und dynamisches Naturrecht, Freiburg 1971.

Weber, Max: Soziologie, Universalgeschichtliche Analysen, Politik, 5. A., Stuttgart 1973.

Weitnauer, Hermann: Zur Lehre vom adäquaten Kausalzusammenhang. Versuch einer Ehrenrettung, Festschrift für Karl Oftinger, Zürich 1969, 321.

Welzel, Hans: Studien zum System des Strafrechts, ZStW 58, 491.

Weyers, Hans-Leo: Unfallschäden — Praxis und Ziel von Haftpflicht- und Vorsorgesystemen, Frankfurt 1971.

Wessels, Johannes: Strafrecht, Allgemeiner Teil, 8. A., Karlsruhe, Heidelberg 1978.

Wiethölter, Rudolf: Der Rechtfertigungsgrund des verkehrsrichtigen Verhaltens, Karlsruhe 1960.

Wilburg, Walter: Die Elemente des Schadensrechts, Marburg 1941.
— Empfiehlt es sich, die Haftung für schuldhaft verursachte Schäden zu begrenzen? Kann für den Umfang der Schadensersatzpflicht auf die Schwere des Verschuldens und die Tragweite der verletzten Norm abgestellt werden? Referat für den 43. Deutschen Juristentag, Verhandlungen des 43. Deutschen Juristentages 1960, Bd. 2, Tübingen 1962, C 3.

Wolf, Joseph-Georg: Der Normzweck im Deliktsrecht, Göttingen 1962.

Wussow, Werner: Das Unfallhaftpflichtrecht, 12. A., Köln, Berlin, Bonn, München 1975.
— Zur Lehre von der Sozialadäquanz, NJW 1958, 891.

Zeuner, Albrecht: Gedanken über Bedeutung und Stellung des Verschuldens im Zivilrecht, JZ 1966, 1.

Zippelius, Reinhold: Problemjurisprudenz und Topik, NJW 1967, 2229.

Printed by Libri Plureos GmbH
in Hamburg, Germany